Beck-Rechtsberater

Ehevertrag

– Vorteil oder Falle

So finden Sie Ihre prefekte Regelung

Von Heike Dahmen-Lösche
Fachanwältin für Familienrecht

2., überarbeitete und aktualisierte Auflage

Deutscher Taschenbuch Verlag

Im Internet:
dtv.de
beck.de

Originalausgabe

Deutscher Taschenbuch Verlag GmbH & Co. KG,
Friedrichstraße 1a, 80801 München
© 2011. Redaktionelle Verantwortung: Verlag C.H. Beck oHG
Druck und Bindung: Druckerei C.H. Beck, Nördlingen
(Adresse der Druckerei: Wilhelmstraße 9, 80801 München)
Satz: Fa. ottomedien, Darmstadt
Umschlaggestaltung: Design Concept Krön, Puchheim,
unter Verwendung eines Fotos von GettyImages
ISBN 978-3-423-50656-4 (dtv)
ISBN 978-3-406-60536-9 (C. H. Beck)

9 783406 605369

Vorwort

Dieser Ratgeber erschien 2003 in erster Auflage in der Mosaik-Reihe des Wilhelm Goldmann Verlag, München.
In der Zwischenzeit haben sich wichtige Änderungen im Hinblick auf die Gestaltung von Eheverträgen ergeben: Für die gerichtliche Inhaltskontrolle hat der Bundesgerichtshof mit der sogenannten „Kernbereichslehre" neue Regeln auch für die Vereinbarungen aufgestellt. Seit 1. Januar 2008 haben sich auch die Paradigmen beim nachehelichen Unterhalt geändert. Nach Erscheinen der 1. Auflage dieses Ratgebers hat sich das Familienrecht in wesentlichen Teilen geändert. Der Versorgungsausgleich ist gar insgesamt reformiert worden. Umso wichtiger ist nun, bevorstehende Eheverträge zu prüfen und gegebenenfalls anzupassen.

Düsseldorf, im Dezember 2010   *Heike Dahmen-Lösche*

Inhaltsübersicht

Inhaltsverzeichnis

1. Kapitel

Einführung

Statistische Erhebungen haben inzwischen gezeigt, dass Eheverträge nicht – wie man vielleicht meinen könnte – die Stabilität einer Ehe erhöhen, sondern häufig dazu führen, dass die Barrieren für eine Trennung gesenkt werden. Insbesondere junge Paare sind so bei entsprechenden Alternativen eher bereit, die Scheidung herbeizuführen. Andererseits gibt es jedoch auch viele gute Gründe für einen Ehevertrag, gerade wenn die persönlichen und wirtschaftlichen Verhältnisse der Eheleute stark voneinander abweichen. Die Frage, ob ein Ehevertrag geschlossen werden soll, sollte dabei immer genau überdacht werden, da Fehlentscheidungen zu katastrophalen Folgen bei der Ehescheidung führen können. Eine individuelle juristische Beratung ist daher dringend anzuraten, denn als Grundregel gilt: Was für den einen Ehepartner ein Vorteil ist, bedeutet in der Regel für den anderen einen Nachteil, der möglicherweise zur Falle wird, wenn er sich über die Konsequenzen der getroffenen Vereinbarung vor Vertragsschluss nicht im Klaren ist.

I. Vertragstypen

Ein Ehevertrag kann sowohl vor Eheschließung, während einer intakten Ehe oder aber erst bei Trennung und/oder Scheidung geschlossen werden.

1. Ehevertrag vor Eheschließung

Immer mehr Paare schließen bereits vor ihrer Ehe einen Ehevertrag. Gerade in dieser emotionalen Hochphase vor der Hochzeit ist es jedoch häufig schwierig, Vereinbarungen zu treffen, die im Zusammenhang mit dem Scheitern der Ehe stehen. Auch sind sich viele der angehenden Eheleute nicht sicher, wie sich ihre gemeinsame Zukunft gestalten wird, während andere wiederum ganz klare Vorstellungen haben: Beide Ehepartner verfügen über eine qualifizierte Berufsausbildung und planen eine steile Karriere oder aber die Ehefrau entscheidet sich für die Hausfrauen- und Mutterrolle.

In beiden Fällen muss jedoch bedacht werden, was geschieht, wenn das Leben von dem gewählten Lebensplan abweicht und der gewählte Ehevertrag für die geänderte Lebenssituation nicht mehr passt.

2. Ehevertrag während intakter Ehe

Auch nach Eheschließung gibt es trotz intakter Ehe Anlässe, einen Ehevertrag abzuschließen. Dies ist z. B. bei Eintritt in eine bestehende Firma der Fall. Häufig enthalten Gesellschaftsverträge Regelungen, die Gesellschafter zwingen, Eheverträge zu schließen, um im Falle einer Scheidung die Firmenbeteiligung bei Zugewinnausgleich und Vermögensauseinandersetzung herauszuhalten.

3. Ehevertrag anlässlich Trennung und/oder Scheidung

Am häufigsten werden Eheverträge abgeschlossen, wenn die Ehe bereits gescheitert ist und es darum geht, über Sorgerecht, Unterhalt, Hausrat, Zugewinn und Vermögensauseinandersetzung Vereinbarungen zu treffen. Durch diesen Ehevertrag – die sogenannte Trennungs- und Ehescheidungsfolgenvereinbarung – können die Scheidungsfolgesachen einvernehmlich und außergerichtlich geregelt werden. Ein solches Vorgehen empfiehlt sich allein schon aus finanziellen Gründen, da die streitige Durchführung mit deutlich höheren Kosten verbunden ist und das Scheidungsverfahren unnötig in die Länge zieht.

Wie bei allen vertraglichen Vereinbarungen ist jedoch auch hier Vorsicht geboten, insbesondere dann, wenn die Vereinbarungen in einer Phase der Ehe getroffen werden, in der teilweise extreme emotionale Belastungen auf beiden oder zumindest einem der Ehepartner ruhen. Es kommt leider immer wieder vor, dass unter erheblichem Zeit- und auch emotionalem Druck Eheverträge geschlossen werden, die zumindest für einen Partner sehr ungünstig sind und diesen erheblich benachteiligen – Vorsicht Falle!

II. Formerfordernis

Vereinbarungen, die den Güterstand, den Zugewinnausgleich, den nachehelichen Unterhalt und den Versorgungsausgleich, Verpflichtung zur Übertragung von Grundstücken sowie Rechtswahl bei Ehen **mit Ausländern** betreffen, bedürfen der notariellen Beurkundung, wobei das Gesetz vorschreibt, dass die Beurkundung bei gleichzeitiger Anwesenheit der Ehepartner zu erfolgen hat, § 1510 BGB. Hierunter ist allerdings nicht unbedingt die persönliche Anwesenheit zu verstehen, vielmehr ist auch Vertretung möglich, die allerdings weder üblich noch sinnvoll ist. Wird diese Formvorschrift nicht eingehalten, ist der Vertrag unwirksam.

Vereinbarungen etwa über den Umgang mit den Kindern oder Hausrat können dagegen auch in privatschriftlicher Form abgeschlossen werden.

> **Achtung:**
>
> Werden neben privatschriftlichen Vereinbarungen auch beurkundungspflichtige Vereinbarungen nur privatschriftlich geschlossen, kann dies zur Nichtigkeit der gesamten Vereinbarung führen.

Für die Wirksamkeit des Ehevertrages ist die Eintragung in das Güterrechtsregister, welches bei dem jeweiligen Amtsgericht, in dessen Bezirk die eheliche Wohnung der Eheleute liegt, geführt wird, nicht erforderlich. Allerdings können sich die Ehegatten in Form der Verfügungsbeschränkung (siehe Zugewinngemeinschaft Seite 9) dann auch Dritten gegenüber nicht darauf berufen, dass der Vertrag eingetragen und damit jedem zugänglich ist.

III. Unwirksame Vereinbarungen

Eheverträge können, wie alle Verträge, angefochten werden – wegen Irrtums, Täuschung oder Drohung. Zur Unwirksamkeit können aber auch Vereinbarungen führen, die den schwächeren Partner **unangemessen belasten**. Hierbei kommt es jedoch immer auf den Einzelfall an. Die Gerichte müssen dabei zwischen den verfassungsrechtlichen Grundsätzen der Handlungsfreiheit und der Gleichberechtigung sowie des Schutzes der Ehe und der Kinder abwägen.

Für Vereinbarungen unter Ehegatten über die Ausgestaltungsmöglichkeiten der Ehe gilt der Grundsatz der **Privatautonomie**. Allerdings hat der BGH auch schon nach altem Recht bei einem Unterhaltsverzicht bei der Scheidung eine **Sittenwidrigkeit** nach § 138 Abs. 1 BGB angenommen, wenn nach der Rechtslage ein Unterhaltsanspruch bestand und der Bedürftige durch den bei oder nach der Scheidung vereinbarten Verzicht Sozialhilfe beziehen musste. Man sprach von einem sogenannten Vertrag zu Lasten Dritter. Wurde allerdings vor Eheschließung oder während der Ehe ein Unterhaltsverzicht erklärt, wurde früher hingegen keine Sittenwidrigkeit angenommen, weil der Bedürftige durch die Eheschließung einen Anspruch auf Familienunterhalt erwarb. Es galt jedoch gem. § 242 BGB als rechtsmissbräuchlich, sich bei der Scheidung auf den Unterhaltsverzicht zu berufen, solange die Frau das Kind zu betreuen hatte. Die **Grundsatzentscheidung** des **Bundesverfassungsgerichts** im Jahre 2001 korrigierte die bis dahin geltende Rechtsprechung des BGH. Danach ist jetzt auch bei privaten Vereinbarungen und notariellen Eheverträgen eine Inhaltskontrolle gem. Art. 2, 6 GG (Grundgesetz) durchzuführen, wenn der Ehevertrag nicht das Ergebnis einer gleichberechtigten Partnerschaft darstellt, sondern vielmehr eine auf ungleichen Verhandlungspositionen basierende einseitige Dominanz eines Ehepartners widerspiegelt. Je mehr Rechte in einem Ehevertrag ausgeschlossen sind, desto mehr kann eine einseitige Benachteiligung vorliegen.

Mit Urteil vom 11. 2. 2004 hat der BGH die **Kriterien** für eine **Inhaltskontrolle** von Eheverträgen festgelegt. Grundsätzlich können die Eheleute Regelungen über den nachehelichen Unterhalt, den Zugewinn und den Versorgungsausgleich weiterhin vertraglich regeln. Der Schutzzweck der gesetzlichen Regelung darf aber durch vertragliche Vereinbarungen nicht unterlaufen werden. Insbesondere darf keine evident einseitige nicht gerechtfertigte Lastenverteilung entstehen, die für den Benachteiligten unzumutbar ist. Es ist immer eine Einzelfallprüfung vorzunehmen. Es müssen immer die Gründe und Umstände des Zustandekommens des Vertrages sowie der beabsichtigten verwirklichten Gestaltung des ehelichen Lebens berücksichtigt werden. Die Überprüfungskriterien gelten auch für geschlossene Verträge vor der, in der Ehe bzw. für den Fall der Trennung oder Scheidung oder auch nach der Scheidung. Bei der sogenannten Wirksamkeitskontrolle nach § 138 BGB wird auf den Zeitpunkt des Vertragsschlusses abgestellt. Sämtliche individuellen Verhältnisse der Eheleute müssen überprüft werden, insbesondere die Einkommens- und Vermögensverhältnisse, sowie der geplante oder schon verwirklichte Verlauf der Ehe und der von den Eheleuten mit der Vereinbarung verfolgte Zweck zum Vertragsschluss. Gemäß § 138 BGB wird subjektiv ein Missbrauchsverhalten für die Unwirksamkeit des Vertrages vorausgesetzt. Objektiv wird eine Sittenwidrigkeit nur vorliegen, wenn in den Kernbereich des Scheidungsfolgenrechts eingegriffen wird.

Zum **Kernbereich** gehört an erster Stelle der Betreuungsunterhalt (§ 1570 BGB), an zweiter Stelle der Alters- und Krankheitsunterhalt (§ 1571, 1572 BGB) sowie der Versorgungsausgleich, an dritter Stelle der Erwerbslosenunterhalt (§ 1573 Abs. 1 BGB), an vierter Stelle der Kranken- und Altersvorsorgeunterhalt (§ 1578 Abs. 2, 3 BGB) und an fünfter Stelle – beim Unterhalt am ehesten verzichtbar – der Aufstockungs- und Ausbildungsunterhalt (§ 1573 Abs. 2, 1575 BGB). Regelungen über den Zugewinnausgleich stehen an letzter Stelle der Überprüfungsskala. Solche Vereinbarungen fallen regelmäßig nicht in den Kernbereich des Scheidungsfolgenrechts.

Kommt man zu der Annahme der Sittenwidrigkeit im Sinne des § 138 BGB, wird der gesamte Vertrag unwirksam mit der Folge, dass die gesetzlichen Vorschriften Anwendung finden.

In einem zweiten Schritt ist eine **Ausübungskontrolle** nach § 242 BGB vorzunehmen, wobei der Zeitpunkt des Scheiterns der Ehe maßgeblich ist. Hierbei kommt es auf eine evident einseitige Lastenverteilung sowie den Missbrauch der im Vertrag eingeräumten Rechtsmacht an. Es ist zu überprüfen, ob die tatsächliche Gestaltung der Ehe von der Eheplanung abweicht oder ob der Kernbereich des Scheidungsfolgenrechts zu Lasten der Kinder oder der Allgemeinheit betroffen ist. Die Ausübungskontrolle führt nicht zur Unwirksamkeit der Vereinbarung, sondern zu einer Neugestaltung der Vereinbarung durch das Gericht, wobei die Belange beider Eheleute zu berücksichtigen sind. So kann unter Umständen trotz eines Unterhaltsverzichtes bei der Betreuung von Kindern nicht nur während der Betreuungszeit der volle Unterhalt nach den ehelichen Verhältnissen zu leisten sein, sondern wegen beruflicher Nachteile durch die Eheschließung auch ein Aufstockungsunterhalt in Höhe des angemessenen Bedarfs gegeben sein.

IV. Kosten

Bei der Frage, welche Kosten im Zusammenhang mit Ehe- und Erbverträgen, sei es vor Eheschließung, während intakter Ehe oder im Rahmen von Trennungs- oder Ehescheidungsfolgenvereinbarungen anfallen, ist zunächst zu unterscheiden, ob anwaltliche Hilfe und/oder notarielle Tätigkeit in Anspruch genommen wird. Wie bereits dargelegt, ist in einer Vielzahl von Fällen die notarielle Beurkundung sogar zwingend vorgeschrieben. Dabei gilt es zu überlegen, ob nur notarielle Hilfe in Anspruch genommen werden kann oder ob wegen völlig unterschiedlicher Interessenlage, mangelndem Vertrauen und hohem Beratungsbedarf vorab nicht zusätzlich auch anwaltliche Beratung in Anspruch genommen werden sollte.

Für die Berechnung der Gebühren ist, falls nicht eine Honorarvereinbarung getroffen wird, der Gegenstandswert maßgeblich.

Bei einer Vereinbarung über den Güterstand ist der Gegenstandswert das gesamte Vermögen beider Ehepartner. Werden nur bestimmte Teilbereiche geregelt, so ist deren Wert anzusetzen. Für die Berechnung der Gebühren ist das Rechtsanwaltsvergütungsgesetz (RVG) heranzuziehen. Ein entsprechender Auszug, aus dem die Höhe der anwaltlichen Gebühren ersichtlich ist, befindet sich im Anhang. Zusätzlich orientieren sich die Anwaltsgebühren daran, welche Art der Tätigkeit in Anspruch genommen wird bzw. welcher Umfang diese Tätigkeit hat. Der Gebührenrahmen kann dabei von 0,8 bis 2,5 je nachdem, ob lediglich eine Beratung angefallen ist, ein Ehevertrag erarbeitet wurde, eine Besprechung mit dem anderen Ehepartner oder dessen Bevollmächtigten geführt wurde oder eine vergleichsweise Lösung im Rahmen einer Ehescheidungsfolgenvereinbarung zustande gekommen ist, variieren.

2. Kapitel

Regelungen über das Vermögen

Zu den wichtigsten Vereinbarungen gehören natürlich die Regelungen, die das zukünftig erworbene bzw. das bei Eheschließung bereits vorhandene Vermögen der Ehepartner betreffen. Darunter fallen neben Vereinbarungen über den Güterstand und den Versorgungsausgleich auch Regelungen bzgl. etwaiger Immobilien, des Hausrates und der Frage, wer im Falle von Trennung und Scheidung welche Verbindlichkeiten übernimmt.

I. Güterstand

Das Gesetz kennt drei Güterstände, nämlich die **Zugewinngemeinschaft**, die **Gütertrennung** und die **Gütergemeinschaft**. Daneben gibt es noch die sogenannte modifizierte Zugewinngemeinschaft, die jedoch kein eigener Güterstand im Rechtssinne ist.

1. Zugewinngemeinschaft

Der Güterstand der Zugewinngemeinschaft ist der **gesetzliche Güterstand**. Der Begriff Gemeinschaft ist dabei allerdings irreführend. Durch die Eheschließung wird kein gemeinschaftliches Vermögen erworben, sondern vielmehr behält jeder das, was ihm zum Zeitpunkt der Eheschließung gehört hat. Auch während der Ehe entsteht gemeinschaftliches Vermögen nur dann, wenn die Eheleute einen Gegenstand gemeinsam erwerben. Es besteht kein Unterschied zu nicht verheirateten Personen, die genauso verfahren können.

a) Verfügungsbeschränkung

Der gesetzliche Güterstand wirkt sich unabhängig von den Eigentumsverhältnissen auch auf das Verfügungsrecht der Ehepartner hinsichtlich ihres Vermögens und Eigentums aus. So regelt § 1365 BGB, dass ein Ehepartner weder über sein Vermögen im Ganzen noch über einen wesentlichen Teil ohne Zustimmung des anderen Ehepartners verfügen darf. Gleiches gilt für Gegenstände des ehelichen Haushaltes, § 1369 BGB.

b) Zugewinnausgleich

Für den Fall der Scheidung hat derjenige einen Zugewinnausgleich zu zahlen, der einen höheren Zugewinn erzielt hat. Um zu ermitteln, welcher Ehegatte ausgleichspflichtig ist, wird zunächst von jedem Ehepartner separat der erzielte Zugewinn nach folgender **Formel** ermittelt:

> **Endvermögen bezogen auf den maßgeblichen Stichtag abzgl. Anfangsvermögen = Zugewinn**

Der Zugewinn ist bezogen auf den maßgeblichen Stichtag zu ermitteln. Dies ist nicht etwa der Zeitpunkt der Trennung oder der Zeitpunkt der Rechtskraft der Scheidung, sondern die **Zustellung** des **Scheidungsantrages** an den anderen Ehepartner, die sogenannte Rechtshängigkeit. Dies bedeutet, dass das Vermögen, das nach dem Stichtag erzielt wird, nicht mehr in den Zugewinn miteinbezogen wird.

Zum Endvermögen gehören alle sogenannten Aktiva, also vermögenswerte Positionen wie Immobilien, Aktien, Lebensversicherungen mit den auf den Stichtag bezogenen Rückkaufswerten und Gewinnanteilen, Bausparverträge, Sparguthaben, Fonds, Münzsammlungen,

Briefmarkensammlungen etc. Zum Endvermögen gehören aber auch die sogenannten Passiva, das heißt Verbindlichkeiten bezogen auf den maßgeblichen Stichtag wie bspw. Darlehen bei Banken oder Privatleuten.

Die Eheleute sind sich wechselseitig zur **Auskunftserteilung** verpflichtet. Es muss gegebenenfalls ein geordnetes Bestandsverzeichnis, bestehend aus sämtlichen Aktiva und Passiva nebst den dazugehörigen Belegen, vorgelegt werden. Bestehen Zweifel an der Vollständigkeit und Richtigkeit der Auskunftserteilung, kann der Antragsteller auch verlangen, dass der andere Ehepartner die Vollständigkeit und Richtigkeit seiner Angaben an Eides statt versichert.

Das **Anfangsvermögen** hingegen ist das Vermögen, das am Tag der standesamtlichen Heirat vorhanden war. Zu den Vermögenswerten gehören die gleichen Positionen, die auch im Endvermögen anzusetzen sind, also sämtliche Aktiva und Passiva. Bei lang andauernden Ehen ist es allerdings meist schwierig, das Anfangsvermögen festzustellen, da oft nicht mehr bekannt ist, welches Vermögen bei Eheschließung vorhanden war. Daher ist es sinnvoll, bereits bei Beginn der Ehe ein **Bestandsverzeichnis** über die vorhandenen Vermögenswerte zu erstellen.

Wie beim Endvermögen besteht auch ein Auskunfts- und Beleganspruch beim Anfangsvermögen.

BEISPIEL: Die Eheleute Hans und Christel B. in München haben 1962 die Ehe geschlossen. Ende des Jahres 2007 erhält Hans B. den Scheidungsantrag seiner Ehefrau zugestellt. Beide besaßen bei Eheschließung kein Vermögen. Während der Ehe haben sich die Eheleute allerdings ein beträchtliches Vermögen erarbeitet, das jedoch größtenteils der Ehemann erworben hat. Hans B. ist Alleineigentümer einer Immobilie im Wert von 500.000,00 €. Auf dem Haus lasten lediglich Verbindlichkeiten in Höhe von 100.000,00 €. Er besitzt darüber hinaus Aktien im Wert von 100.000,00 € , Fondsbeteiligungen im Wert von 200.000,00 € und ein Guthaben auf dem Girokonto in Höhe von 100.000,00 €. Christel B. verfügt über ein Sparguthaben aus vermögenswirksamen Leistungen in Höhe von 50.000,00 € und über Aktien im Wert von 100.000,00 €. Darüber hinaus besitzt sie ein Sparbuch mit einem Wert in Höhe von 100.000,00 €.

Damit sieht die Vermögensbilanz wie folgt aus:
Endvermögen Hans B.

Immobilie	400.000,00 €
Aktien	100.000,00 €
Wertpapiere	200.000,00 €
Girokonto	100.000,00 €
	800.000,00 €
abzgl. Anfangsvermögen	0,00 €
Zugewinn	800.000,00 €

Endvermögen Christel B.

vwL	50.000,00 €
Aktien	100.000,00 €
Sparbuch	100.000,00 €
	250.000,00 €
abzgl. Anfangsvermögen	0,00 €
Zugewinn	250.000,00 €

Hans B. verfügt somit über einen Zugewinn in Höhe von 800.000,00 €
und Christel B. in Höhe von 250.000,00 €. Es ergibt sich eine Differenz
von 550.000,00 €. Hans B. muss daher die Hälfte der Differenz =
275.000,00 € als Zugewinnausgleich an seine Ehefrau Christel B. zahlen.

c) Privilegierter Erwerb

Unter dem Begriff privilegierter Erwerb versteht man **Schenkungen**
und **Erbschaften**, die ein Ehepartner während der Ehe erhält. Diese
sind insoweit privilegiert, als der andere Ehepartner im Rahmen des
Zugewinnausgleiches nur eingeschränkt an ihnen teilhaben soll.
Aus diesem Grunde ist ererbtes Vermögen wie Anfangsvermögen zu
behandeln, allerdings nicht zum Zeitpunkt der Eheschließung, sondern zum Zeitpunkt des Erbfalls. Da die Erbschaft natürlich auch
im Endvermögen zu berücksichtigen ist, und zwar mit dem dann
aktuellen Wert, wird der andere Ehepartner nur an dem Wertzuwachs der Erbschaft beteiligt.

Doch auch ein Schenker soll sicher sein können, dass nicht anlässlich der Scheidung die Hälfte der Schenkung an den Ehepartner des
Beschenkten fließt. Deshalb werden auch Schenkungen genau wie
Erbschaften als **Anfangsvermögen** behandelt. Sie werden zum Zeitpunkt der Schenkung in das Anfangsvermögen eingestellt, so dass

auch hier der andere Ehepartner nur die Hälfte des Wertzuwachses der Schenkung als Zugewinnausgleich erhält.

BEISPIEL: Die Vermögenssituation der Eheleute B. ist die gleiche wie im obigen Beispiel, allerdings mit dem Unterschied, dass Herr B. am 1.8.1970 einen Geldbetrag, der 50.000,00 € entspricht, geerbt hat. Frau B. hat von ihrer Mutter am 1.7.1980 einen Geldbetrag ,der heute 30.000,00 € entspricht, geschenkt bekommen. Beide Eheleute haben ihre Zuwendungen gewinnbringend angelegt.

Damit stellt sich das Endvermögen der Eheleute wie folgt dar:

Hans B.

Immobilie	400.000,00 €
Aktien	100.000,00 €
Wertpapiere	200.000,00 €
Girokonto	100.000,00 €
Erbschaft	120.000,00 €
	920.000,00 €
abzgl. Anfangsvermögen	0,00 €
abzgl. Erbschaft	50.000,00 €
	870.000,00 €

Christel B.

vwL	50.000,00 €
Aktien	100.000,00 €
Sparbuch	100.000,00 €
Schenkung	90.000,00 €
	340.000,00 €
abzgl. Anfangsvermögen	0,00 €
abzgl. Schenkung	30.000,00 €
	310.000,00 €

Rein rechnerisch ergibt sich somit ein Zugewinnausgleich in Höhe von 280.000,00 € , den Herr B. an Frau B. zu zahlen hat.

Dabei wird allerdings nicht berücksichtigt, dass die Erbschaften und Schenkungen im Jahre 1970 bzw. 1980 erfolgt sind und zwischenzeitlich eine erhebliche Geldentwertung stattgefunden hat. Aus diesem Grund hat der Bundesgerichtshof (BGH) in der Vergangenheit Erbschaften und Schenkungen wie auch Vermögen, welches bereits bei Eheschließung vorhanden war (Anfangsvermögen), mit dem

Preisindex für Arbeitnehmerhaushalte mit mittlerem Einkommen bezogen auf den maßgeblichen Stichtag indexiert.

Da der Preisindex für die Lebenshaltung aller privaten Haushalte ohnehin die größere Spannweite wiedergibt und deshalb geeigneter ist, soll auf dieser Basis die Berechnung vorgenommen werden, wobei vom Basisjahr 2005 = 100 für das frühere Bundesgebiet ausgegangen wird. Dies geschieht nach folgender **Formel:**

Betrag x Lebenshaltungskostenindex zum Stichtag : Lebenshaltungskostenindex zum Zeitpunkt der Eheschließung bzw. Erbschaft oder Schenkung

IM VORLIEGENDEN FALL BEDEUTET DIES: Berechnung Ehemann:
50.000,00 € x **107,4 = 35,2**   **152.557,00 €**

Berechnung Ehefrau:
30.000,00 € x **107,4 : 57,8 =**   **55.744,00 €**

Daraus ergibt sich nunmehr folgende Rechnung:

Endvermögen Hans B.	920.000,00 €
abzgl. Anfangsvermögen	0,00 €
abzgl. indexierte Erbschaft	**152.557,00 €**
gleich Zugewinn	**767.443,00 €**
Endvermögen Christel B.	340.000,00 €
abzgl. Anfangsvermögen	0,00 €
abzgl. indexierte Schenkung	**55.744,00 €**
gleich Zugewinn	**284.256,00 €**

Nach Indexierung ergibt sich nur noch eine Differenz zugunsten des Ehemannes in Höhe von **483.187,00 €**. Er hat somit die Hälfte der Differenz in Höhe von **241.593,50 €** als Zugewinnausgleich an seine Ehefrau zu zahlen.

2. Gütertrennung

Der gesetzliche Güterstand der Zugewinngemeinschaft kann dadurch außer Kraft gesetzt werden, dass in einem entsprechenden

Ehevertrag Gütertrennung **vereinbart** wird. Beim Güterstand der Gütertrennung behält – wie bei der Zugewinngemeinschaft – jeder Ehepartner das in der Ehe erworbene Vermögen sowie sein Anfangsvermögen. Es findet allerdings keine Ausgleichszahlung an den anderen Ehepartner bei Beendigung des Güterstandes, sei es durch Tod oder Scheidung, statt.

> Im obigen Ausgangsbeispiel von Hans und Christel B. würde dies bedeuten, dass Hans B. für den Fall der Scheidung sein Endvermögen in Höhe von 800.000,00 € und Frau B. ihr Endvermögen in Höhe von 250.000,00 € behält.

a) Verfügungsfreiheit

Die Gütertrennung hat zunächst keine Auswirkungen auf die vermögensrechtliche Situation der Ehepartner. Sie werden behandelt, als seien sie nicht verheiratet. Insbesondere kann jeder über sein Vermögen im Ganzen oder über wesentliche Teile verfügen, ohne die Zustimmung seines Ehepartners einholen zu müssen. Gleiches gilt für Haushaltsgegenstände.

b) Ehegattenerbrecht

Endet die Ehe durch Tod eines Ehegatten, hängt die Erbquote des überlebenden Ehegatten vorrangig vom ehelichen Güterstand ab.

Der überlebende **Ehepartner** erbt neben den weiteren **Abkömmlingen** 1/4 des Nachlasses. Der gesetzliche Güterstand der Zugewinngemeinschaft führt zu einer Erhöhung dieser gesetzlichen Erbquote um ein weiteres 1/4, gemäß § 1371 Abs. 1 BGB, sodass der überlebende Ehepartner insgesamt 1/2 erhält. Hatte der verstorbene Ehegatte keine Kinder, so erhält der Überlebende 1/2 plus 1/4, also 3/4. Das restliche 1/4 erhalten die Eltern, Geschwister oder Großeltern beziehungsweise deren Abkömmlinge. Gibt es weder Kinder noch lebende Eltern, Geschwister oder Großeltern, erbt der überlebende Ehegatte allein.

Wurde hingegen **Gütertrennung** vereinbart, fehlt es an einer Erhöhung der Erbquote um 1/4. Darüber hinaus ist die Erbquote davon abhängig, ob neben dem Ehepartner Kinder vorhanden sind oder

Eltern und Großeltern beziehungsweise deren Abkömmlinge als Miterben infrage kommen. Grundsätzlich erhält der Ehepartner neben einem Kind 1/2, neben zwei Kindern 1/3 und neben drei oder mehr Kindern nur 1/4. Hat der verstorbene Ehegatte keine Kinder, bleibt es trotzdem maximal bei der Hälfte des Nachlasses, sofern noch Eltern, Geschwister oder Großeltern des Verstorbenen leben. Nur wenn es keine weiteren Miterben gibt, erbt der überlebende Ehegatte allein.

Die Wahl des Güterstandes kann ebenfalls Auswirkungen bei der **Berechnung** der **Erbschaftsteuer** haben. Die Erbschaftsteuer orientiert sich an drei Erbschaftsteuerklassen, die wiederum verschiedene Freibeträge umfassen. Für den Ehegatten jedenfalls gilt ein persönlicher Freibetrag in Höhe von **500.000,00 €** (Stand **2009**).

Der gesetzliche Güterstand der Zugewinngemeinschaft führt im Falle des Todes eines Ehepartners dazu, dass der Freibetrag bei der Berechnung der Erbschaftsteuer um 1/4 – nämlich den Zugewinnausgleichsanspruch – erhöht wird (§ 5 Abs. 1 ErbStG). Insbesondere bei großem Vermögen macht sich dies deutlich bemerkbar.

BEISPIEL: Karl und Eva W. aus Münster haben 1960 die Ehe geschlossen. Zum Zeitpunkt der Eheschließung besitzt Eva W. ein Wertpapierdepot in Höhe von 500.000,00 €. Karl W. hat kein Vermögen. Die Ehe wird durch Tod der Eva W. beendet. Zum Zeitpunkt des Erbfalls sind keine **weiteren** Erbberechtigten vorhanden. Das Wertpapierdepot von Eva W. ist mittlerweile auf einen Betrag von 1 Million Euro angewachsen. Karl W. wird Alleinerbe des Wertpapierdepots mit einem Wert von 1 Million Euro. Wäre die Ehe durch Scheidung beendet worden, hätte Karl W. einen Anspruch auf Zugewinn in Höhe von [(1 Million – 500.000,00 €) : 2] 250.000,00 € erhalten. Aufgrund des Erbfalls muss nunmehr Karl W. nicht die volle Summe in Höhe von 1 Million abzüglich seiner Freibeträge versteuern, sondern lediglich 750.000,00 € abzüglich seiner Freibeträge. Der Anteil aus dem Zugewinn in Höhe von 250.000,00 € ist steuerfrei. Im Falle der Scheidung hätte Karl W. 250.000,00 € im Rahmen des Zugewinnausgleichs steuerfrei bekommen.

Durch den Tod der Ehefrau soll der Ehemann steuerlich nicht schlechter gestellt sein, dies ergibt sich aus § 5 Abs. 1 ErbStG.

Bei Eheleuten, die im Güterstand der Gütertrennung leben, unterliegt der gesamte Nachlass der Erbschaftsteuer. Insoweit ist der Ehegatte lediglich berechtigt, entsprechend seiner Erbschaftsteuerklasse einen persönlichen Freibetrag in Höhe von **500.000,00 €** geltend zu machen.

Tipp:

Das Bundesverfassungsgericht hat mit seiner Entscheidung vom 31.1.2007 das Erbschaftsteuerrecht für verfassungswidrig erklärt. Dabei rügten die Verfassungsrichter, dass Barvermögen und Aktien höher besteuert werden als etwa Immobilien. Für den Gesetzgeber ist nunmehr Handlungsbedarf eingetreten. Die Erbschaftsteuerreform ist am 1.1.2009 in Kraft getreten. Sie enthält im Wesentlichen folgende Neuerung:
Bewertung des Grundvermögens, Bewertung des Betriebsvermögens, der Anteile an Kapitalgesellschaften und des land- und forstwirtschaftlichen Vermögens, persönliche Freibeträge, Steuertarif, Schonregelungen für Familienheime und Unternehmen.
Auf Antrag ist eine rückwirkende Anwendung der Regeln für Erwerber ab dem 01.1.2007 und zwar nur für Erwerbe von Todeswegen mit Ausnahme des § 16 ErbStG (Freibeträge) möglich. Im Einzelnen stellen sich die Freibeträge nunmehr wie folgt dar:

Steuerklasse I:
Ehegatten 500.000,– €
Kinder 400.000,– €
Enkel 400.000,– €
übrige Personen 100.000,– €.

Steuerklasse II:
Geschwister, Abkömmlinge ersten Grades von Geschwistern, Schwiegerkinder, Schwiegereltern, geschiedene Ehegatten Freibetrag 20.000,– €.

Steuerklasse III:
Alle übrigen Erbberechtigten 20.000,– €
eingetragene Lebenspartner 500.000,– €.

3. Modifizierte Zugewinngemeinschaft

Häufig besteht aus den unterschiedlichsten Gründen – aber manchmal auch aus irrigen Vorstellungen – das Bedürfnis, von der gesetzlichen Regelung abzuweichen. Dabei denken die meisten Eheleute unwillkürlich an eine Gütertrennung, weil sie die Vorstellung haben, dass nur auf diese Weise die Haftung für die Verbindlichkeiten des Ehepartners ausgeschlossen werden kann. Auch die Angst vor einer Haftung bei Firmenpleiten spielt hier oft eine Rolle.

Vorsicht Falle:

Vielfach stehen ganz andere Interessen im Raum wie z. B. der Wunsch, bei einer bereits geplanten Scheidung keinen Zugewinnausgleich zahlen zu müssen. Besonders gravierend ist dies dann, wenn die gesamte Altersversorgung eines Ehepartners auf Kapitallebensversicherungen aufgebaut ist, die auf diese Weise komplett vor dem Zugriff des Ehepartners geschützt werden kann. Aber auch in Fällen, in denen es nicht darum geht, den Ehepartner zu benachteiligen, ist die Gütertrennung hinsichtlich ihrer Auswirkung oft zu weitgehend, ganz abgesehen davon, dass sie ohnehin mit erheblichen Nachteilen verbunden ist, wie bereits bei der Erbschaftsteuer dargestellt.

Um dem Rechnung zu tragen, besteht auch die Möglichkeit, es beim gesetzlichen Güterstand der Zugewinngemeinschaft zu belassen und lediglich bestimmte Modifizierungen vorzunehmen. Davon können unterschiedliche Bereiche betroffen sein wie die Höhe des Zugewinnausgleichs oder die Vermögensgegenstände, die am Zugewinnausgleich teilhaben sollen. Es ist auch anerkannt, dass die Ehepartner – obwohl sie im gesetzlichen Güterstand der Zugewinngemeinschaft leben wollen – den Zugewinnausgleich für den Fall der Scheidung gänzlich ausschließen können, so dass dieser nur für den Fall der Auflösung der Ehe durch den Tod Bedeutung hat. Häufig wird auch die Dauer der Ehe oder die Existenz gemeinsamer Kinder als Bemessungskriterium für den Zugewinnausgleichsanspruch herangezogen.

4. Zeitpunkt des Vertragsschlusses

Es kann leicht nachvollzogen werden, dass der Gesetzgeber für Millionen geschlossener Ehen nicht jeweils passende individuelle Regelungen treffen kann. Die gesetzlichen Bestimmungen geben daher lediglich die Rahmenbedingungen vor, die – falls nötig – auf den jeweiligen konkreten Fall modifiziert werden können. Es ist jedoch nicht in jedem Fall erforderlich, die gesetzlichen Vorgaben abzuändern. Für die meisten Ehen sind sie völlig ausreichend, um während intakter Ehe oder aber auch für den Fall der Trennung oder Scheidung zu einem gerechten Ergebnis zu kommen. Dabei liegt es in der Natur der Sache, dass derjenige, dem etwas abverlangt wird, die gesetzliche Regelung als für ihn ungünstig empfindet. Deshalb wird meistens von demjenigen, der mit großer Wahrscheinlichkeit zu Zahlungen verpflichtet ist, eine Abänderung der gesetzlichen Vorgabe gewünscht.

a) Vor der Eheschließung

Partner, die beabsichtigen, die Ehe einzugehen, diskutieren oft bereits im Vorfeld, ob oder in welchem Umfang vertragliche Regelungen im Hinblick auf den Güterstand getroffen werden sollen.

Je nachdem, welchem Personenkreis die Heiratswilligen angehören, werden solche Gespräche mehr oder weniger intensiv oder aber auch gar nicht geführt. Insbesondere junge Menschen scheuen sich häufig, über Vermögensfragen im Zusammenhang mit der Eheschließung zu sprechen, weil sie der Auffassung sind, dass dies der emotionalen Ebene der Beziehung schadet. Bei diesem Personenkreis kommt es allerdings häufig dann doch zu Diskussionen, weil das familiäre Umfeld diese Fragen geregelt wissen möchte.

Dies gilt insbesondere dann, wenn bei den angehenden Eheleuten große Vermögensunterschiede vorhanden sind und beispielsweise die Eltern des Vermögenden sicherstellen möchten, dass das Vermögen soweit wie möglich in der eigenen Familie verbleibt.

> **BEISPIEL:** Melanie O. ist 20 Jahre alt und hat gerade ihre Ausbildung als Rechtsanwaltsfachangestellte erfolgreich abgeschlossen. Sie beabsichtigt mit ihrem Freund Elmar B., einem 20-jährigen Kfz-Monteur, die Ehe einzugehen. Beide verdienen rund 1.400 € brutto. Über Vermögen verfügen sie nicht. Die Eltern des zukünftigen Ehemannes sind geschieden und raten ihrem Sohn daher, über einen Ehevertrag nachzudenken. Nach anfänglichen Hemmungen, mit seiner zukünftigen Frau über diese Dinge zu sprechen, sind beide übereingekommen, sich beraten zu lassen.
> Auf Grund der bei der Scheidung seiner Eltern gemachten Erfahrungen besteht Elmar B. auf Gütertrennung. Seine zukünftige Ehefrau stimmt dieser Regelung zu.

Bei den zukünftigen Eheleuten B. handelt es sich um den klassischen Normalfall, dem der Gesetzgeber Rechnung trägt. Beide starten mit gleichen Ausgangsvoraussetzungen in die Ehe. Aus diesem Grunde ist es nur recht und billig, dass im Falle eines Scheiterns der Ehe für den Fall, dass einer der Ehepartner ein größeres Vermögen erwirbt als der andere, Letzterem ein Zugewinnausgleich zusteht. In diesem Beispielsfall ist daher eine vom Gesetz abweichende Vereinbarung bezüglich des Güterstandes nicht erforderlich.

Nicht immer muss eine solche Regelung im Fall einer Scheidung für den einen Ehepartner einen „Vorteil" und für den anderen eine „Falle" bedeuten. Erwerben beispielsweise die Eheleute B. während ihrer Ehe eine oder mehrere **Immobilien** und werden die Verträge so gestaltet, dass beide zu gleichen Teilen Eigentum daran erwerben, ergibt sich auch im Falle einer Scheidung bei Zugrundelegung der Gütertrennung kein Nachteil für einen Ehepartner. Wird allerdings das Vermögen einseitig begründet, weil Herr B. Zinsen und Tilgungen für diese Objekte bezahlt, während seine Ehefrau mit ihrem Einkommen den Lebensunterhalt bestreitet, dann käme man beim Fall der Scheidung zu dem für die Ehefrau ungünstigen Ergebnis, dass das Immobilienvermögen allein bei ihrem Ehemann verbliebe, ohne dass sie dafür einen Ausgleich erhalten würde. Wichtig ist, dass sich die Eheleute über die Auswirkungen eines Ehevertrages im Hinblick auf die **Vermögenssituation** und den **Vermögenserwerb** während der Ehe und insbesondere für den Fall des Scheiterns der Ehe im Klaren sind. Im Zweifelsfall sollte vor Abschluss des Vertrages auf jeden Fall eine eingehende Beratung stattfinden.

Formulierungsbeispiel:

> Wir schließen für unsere Ehe den gesetzlichen Güterstand der Zugewinngemeinschaft aus und vereinbaren Gütertrennung.
> Über die rechtlichen Konsequenzen für den Fall der Scheidung sowie im Hinblick auf das Erbschafts- und Pflichtteilsrecht wurden wir durch den Notar belehrt.
> Wir wünschen die Eintragung in das Güterrechtsregister. Der Notar soll den Antrag jedoch nur auf Bitte von zumindest einem Ehegatten stellen, unbeschadet seines eigenen Rechtes zur Antragstellung.

Bei Vertragsschluss ordnungsgemäß beraten, wird also Frau B. im Fall des Erwerbs von Immobilien darauf bestehen, Miteigentümerin zu werden. Dies gilt umso mehr, als finanzierende Banken grundsätzlich beide Ehepartner in die Darlehensverträge mit einbeziehen.

Für den Fall, dass Herr B. nach Abschluss des Gütertrennungsvertrages eine Immobilie und andere Vermögenswerte zu Alleineigentum erwirbt, stellt sich der Ehevertrag für Frau B. als **Falle** dar, da sie dann von den Vermögenswerten nichts erhält. Eine ordnungsgemäße Beratung beinhaltet daher die Verpflichtung, die angehenden Eheleute auf all diese Risiken hinzuweisen. Entschließen sie sich gleichwohl, von der gesetzlichen Regelung abzuweichen und einen Gütertrennungsvertrag zu schließen, kann von einer „Falle" sicherlich nicht mehr gesprochen werden, da sie über das mögliche Risiko aufgeklärt wurden. Unabhängig von der Ehescheidung hat eine Änderung des Güterstandes aber auch Auswirkungen auf eine intakte Ehe. Während im gesetzlichen Güterstand der Zugewinngemeinschaft ein Ehepartner nicht ohne Zustimmung des anderen über sein Vermögen im Ganzen oder zu einem wesentlichen Teil alleine verfügen kann, ist diese Einschränkung bei der Gütertrennung aufgehoben (vgl. § 1365 BGB). Auch diese Auswirkungen eines Gütertrennungsvertrages muss das zukünftige Ehepaar B. bei seiner Entscheidung berücksichtigen.

Doch wie sieht die Situation bei Ehepartnern mit Alters- und Vermögensunterschied aus?

> **BEISPIEL:** Der 50-jährige Chefarzt Dr. Adalbert C. beabsichtigt, die 24-jährige Krankenschwester Ilona W. zu heiraten. Der zukünftige Ehemann verfügt über ein umfangreiches Immobilienvermögen. Ferner besitzt er Wertpapiere und Firmenbeteiligungen. Seine zukünftige Ehefrau bringt lediglich ein Sparvermögen von 20.000 € mit in die Ehe.

Vergleicht man beide Beispiele, wird deutlich, dass sich die **Interessenlage** im zweiten Fall völlig anders darstellt als im ersten. Hier wird in erster Linie der zukünftige Ehemann sich Gedanken darüber machen, wie er das bereits vorhandene Vermögen und auch die zu erwartenden Wertzuwächse im Falle einer Scheidung vor dem Zugriff seiner Ehefrau sichern kann. Andererseits wird ein fairer Ehemann sich Gedanken darüber machen, ob eine totale Trennung der Vermögensmassen für die Ehefrau zumutbar ist.

Die konsequenteste **Lösung** in diesem Fall ist sicherlich die Gütertrennung mit der Folge, dass die Ehefrau im Falle des Scheiterns der Ehe von dem Wertzuwachs des bereits vorhandenen sowie während der Ehe erworbenen Vermögens nichts erhält. In eine Falle gerät die Ehefrau allerdings nur dann, wenn sie vor Abschluss des Ehevertrages über die sich daraus ergebenden Konsequenzen nicht informiert worden ist. Als ausgesprochen faire Lösung bietet sich in diesem Beispielsfall die modifizierte Zugewinngemeinschaft an. Der zukünftige Ehemann kann hier für den Fall des Scheiterns der Ehe den Zugewinnausgleich entweder der Höhe nach begrenzen (siehe Seite 17) oder aber bestimmte Vermögensgegenstände beim Zugewinnausgleich ausklammern (siehe Seite 17). Denkbar ist aber auch, dass der Ehemann sich damit einverstanden erklärt, dass die zukünftige Ehefrau an allen Vermögenszuwächsen teilhaben soll. In einem solchen Fall wird er auf einen Ehevertrag, der den Güterstand regelt, verzichten. Alternativ bietet sich auch noch die Möglichkeit an, einen **befristeten Ausschluss** des **Zugewinnausgleichs** vorzusehen. Es soll beispielsweise nur dann zu einem Zugewinnausgleich kommen, wenn die Ehe mindestens fünf Jahre gehalten hat. Ebenso denkbar wäre, dass eine den Zugewinnausgleich ausschließende Regelung unter der auflösenden Bedingung geschlossen wird, dass gemeinschaftliche Kinder vorhanden sind (vgl. Formulierungsbeispiel auf Seite 22).

Es ist anerkannt, dass trotz Beibehaltung des Güterstandes der Zugewinngemeinschaft ein vollständiger Ausschluss des Zugewinnausgleiches mit Ausnahme der Beendigung der Ehe durch Tod vereinbart werden kann:

Formulierungsbeispiele:

Begrenzung der Höhe nach

Für unsere Ehe soll es bei dem gesetzlichen Güterstand der Zugewinngemeinschaft bleiben. Für den Fall, dass unsere Ehe anders als durch Tod beendet wird, wird die Höhe des Zugewinnausgleiches auf 100.000,00 € beschränkt.

Ausklammerung bestimmter Vermögensgegenstände

Für unsere Ehe soll es beim gesetzlichen Güterstand der Zugewinngemeinschaft bleiben. Bei der Berechnung des Zugewinnausgleiches soll jedoch das bereits vorhandene, sowie das während der Ehe hinzuerworbene Immobilienvermögen außer Ansatz bleiben.

Befristeter Ausschluss des Zugewinnausgleiches

Für unsere Ehe soll es beim gesetzlichen Güterstand der Zugewinngemeinschaft bleiben. Ein Zugewinnausgleich findet allerdings nur statt, wenn die Ehe länger als fünf Jahre angedauert hat.

Ausschluss des Zugewinns unter auflösender Bedingung

Für unsere Ehe soll es beim gesetzlichen Güterstand der Zugewinngemeinschaft bleiben. Ein Zugewinnausgleich ist allerdings für den Fall, dass unsere Ehe anders als durch Tod endet, ausgeschlossen, es sei denn, dass gemeinsame Kinder vorhanden sind.

Weitestgehender Ausschluss des Zugewinnausgleichs

Für unsere Ehe soll es beim gesetzlichen Güterstand der Zugewinngemeinschaft bleiben. Ein Zugewinnausgleich findet jedoch nicht statt, wenn die Ehe anders als durch Tod endet.

EIN WEITERES BEISPIEL: Der aus reichem Hause stammende erfolgreiche Unternehmer Rolf T. aus Köln beabsichtigt, die 15 Jahre jüngere Rechtsanwaltsfachangestellte Martina K. zu ehelichen. Rolf T. ist Gesellschafter diverser Unternehmen und erwartet darüber hinaus ein beträchtliches Erbe, welches überwiegend aus Immobilien besteht. Die angehenden Eheleute sind sich darüber einig, dass ein Ehevertrag geschlossen werden soll. Allerdings geht ihnen der Güterstand der Gütertrennung zu weit, und sie entscheiden sich daher für die modifizierte Zugewinngemeinschaft. Rolf T. möchte das Immobilienvermögen seiner

Eltern im Fall einer Scheidung bei der Berechnung des Zugewinnausgleichs vollständig ausklammern. Ferner möchte er verhindern, dass es im Scheidungsfall zu Auseinandersetzungen über den Wert seiner Firmenbeteiligungen kommt, möchte aber andererseits auch, dass seine Ehefrau – was die Firmenbeteiligungen angeht, – nicht leer ausgeht. Zu guter Letzt möchte sich Rolf T. die Möglichkeit einräumen lassen, im Scheidungsfall mögliche Zugewinnzahlungen gegebenenfalls in Sachwerten ausgleichen zu können.

Im Rahmen der Vertragsautonomie besteht auch die Möglichkeit, Erbschaften vollständig aus dem Zugewinnausgleichsverfahren herauszuhalten, mit der Folge, dass anders als bei dem privilegierten Erwerb auch die Wertsteigerung dem anderen Ehepartner nicht zugute kommt.

Hier bietet sich folgende Formulierungsmöglichkeit an:

Für den Fall unserer Ehe soll es beim gesetzlichen Güterstand der Zugewinngemeinschaft bleiben. Sollte unsere Ehe anders als durch Tod enden, sind Vermögenswerte, die ein Ehepartner im Wege der Erbfolge von Dritten erhält, vom Zugewinnausgleich ausgeschlossen.

Ferner ist anerkannt, dass Eheleute sich auch über die **Bewertungskriterien** einzelner **Vermögensgegenstände** vertraglich einigen können. Praktisch wird dies bei der Bewertung von Geschäftsanteilen, dem Wert von Anwalts-, Arzt- und Steuerberaterpraxen oder auch Immobilien relevant. Wie auch bei Gesellschaftsverträgen üblich, kann im Vorfeld eine Vereinbarung darüber getroffen werden, dass zur Bewertung des Grundstücks beispielsweise der Gutachterausschuss der jeweiligen Stadt mit der Erstellung eines Gutachtens beauftragt wird oder ein Sachverständiger der zuständigen Industrie- und Handelskammer die Bewertung von Geschäftsanteilen vornehmen soll. Ebenso ist es möglich, nähere Bewertungskriterien festzulegen, wie etwa eine Vereinbarung, wonach eine Immobilie entweder nach dem Substanzwert (Tageswert) der Immobilie abzüglich Schulden oder dem Ertragswert (Wert der Immobilie durch Anwendung eines gesetzlichen Vervielfältigers auf die Jahresrohmiete) oder aus einer Kombination von beiden bewertet werden soll.

Auch bei Geschäftsanteilen kann vereinbart werden, dass die Bewertung beispielsweise nach dem so genannten Stuttgarter Verfahren vorgenommen wird. Eine Einigung über die Kosten derartiger Begutachtungen kann ebenfalls Gegenstand einer güterrechtlichen Vereinbarung sein.

Formulierungsbeispiel:

Wir sind uns darüber einig, dass die Bewertung der Geschäftsanteile des Ehemannes an den Firmen A und B OHG sowie C und D GmbH durch einen von der Wirtschaftsprüferkammer in Köln zu benennenden Wirtschaftsprüfer erfolgen soll. Für die Bewertung soll das Stuttgarter Verfahren herangezogen werden. Die Kosten der gutachterlichen Bewertung tragen wir je zu $1/2$.

Im vorstehenden Fall geht es Rolf T. auch darum, nicht unbedingt Zugewinnausgleich durch Zahlung vornehmen zu müssen.

Hier bietet sich folgende Formulierung an:

Wir sind uns darüber einig, dass statt einer Barleistung ein etwaiger Zugewinnausgleichsanspruch auch durch die Abtretung von Geschäftsanteilen oder die Übertragung von Immobilien oder Miteigentumsanteilen daran erfolgen kann.

Schließlich noch ein Beispiel für eine Ehe im vorgerückten Alter:

BEISPIEL: Die 45-jährige Mathilde W. lernt auf einer Urlaubsreise in Österreich den 55-jährigen Buchhalter Olaf J. kennen und lieben. Beide haben aus früheren Ehen bereits erwachsene Kinder. Olaf J. hat im Rahmen seiner Ehescheidung bereits erhebliche Beträge im Rahmen des Zugewinnausgleiches an seine erste Ehefrau zahlen müssen. Er hat darüber hinaus über Jahre Unterhalt für die Familie gezahlt, sodass er die scheidungsbedingte Verminderung seines Vermögens nicht ersetzen konnte. Die zukünftige Ehefrau hat im Rahmen ihrer Ehescheidung einen Zugewinnausgleich in Höhe von damals 30.000,00 DM erhalten, die sie in festverzinslichen Wertpapieren sicher angelegt hat. Hinzu kommt, dass Mathilde W. erhebliche Einkünfte aus Vermietung und Verpachtung bezieht. Nach einiger Zeit des außerehelichen Zusammenlebens beschließen die beiden zu heiraten. Es stellt sich die Frage nach Abschluss eines Ehevertrages.

Olaf J. geht es in erster Linie darum sicherzustellen, dass bei Scheitern der zweiten Ehe seine wirtschaftliche Situation nicht noch einmal deutlich verschlechtert wird. Auch Mathilde W. fühlt sich wohler, wenn sie weiß, dass die Eheschließung auch auf ihre Vermögenssituation keinerlei Einfluss hat. Beide Ehepartner möchten im Übrigen über ihr Vermögen frei verfügen können, ohne auf ihren Ehepartner Rücksicht nehmen zu müssen. In diesem Fall ist gegen die Vereinbarung einer Gütertrennung nichts einzuwenden.

b) Bei intakter Ehe

Wie bereits an anderer Stelle erwähnt, entwickeln sich Ehe- und Lebensverhältnisse oft anders, als die Ehepartner sich dies bei der Eheschließung vorgestellt haben. Immer häufiger tritt daher eine Situation ein, in der sich Ehepartner überlegen, ob die gesetzliche Regelung auf Grund veränderter Umstände durch Ehevertrag bzw. ein bereits bestehender Ehevertrag nicht abgeändert werden soll.

BEISPIEL: Karin und Fridolin T. aus Essen sind seit dem 1. 10. 1985 verheiratet. Sie leben im gesetzlichen Güterstand der Zugewinngemeinschaft. Vermögen haben sie nicht erworben, vielmehr haben sie, beide berufstätig, sich bisher ein schönes Leben gemacht. Am 1. 6. 1989 erbt Karin T. von ihrem Vater das in einer Essener Bergmannssiedlung gelegene Einfamilienhaus im Wert von 120.000,00 €. Die Eheleute überlegen, ob sie das Objekt behalten oder veräußern sollen. Bei ihren Überlegungen ist von besonderer Bedeutung, dass das Haus nicht nur stark renovierungsbedürftig ist, sondern auch erhebliche Aus- und Umbauarbeiten erforderlich sind. Fridolin T. schlägt seiner Frau vor, das Haus zu behalten, wobei er sich verpflichtet, den größten Teil der anfallenden Arbeiten selbst zu übernehmen. Fridolin T. hat sich darüber informiert, dass das Haus allein im Eigentum seiner Ehefrau steht und er im Falle einer Scheidung Zugewinnausgleichsansprüche nur an dem Mehrwert der Immobilie hat. Er hat ferner im Bekanntenkreis erlebt, dass in vergleichbaren Fällen die Ehemänner für ihre geleistete Arbeitsleistung letztendlich nicht entsprechend honoriert worden sind.

Hier gibt es verschiedene Möglichkeiten, um den Arbeitseinsatz des Ehemannes Fridolin T. im Falle einer Scheidung zu sichern. So könnten die Eheleute T. z. B. unabhängig von güterstandsrechtlichen Vereinbarungen eine Regelung dahingehend treffen, dass die Leistungen von Fridolin T. am Haus von Karin T. mit einem bestimmten Betrag bewertet werden und dieser Betrag für den Fall der Scheidung der Ehe der Eheleute T. an Fridolin T. zu zahlen ist. Zur Absicherung dieses Anspruchs wäre es auch denkbar, dass Karin T. ihrem Ehemann eine Grundschuld an ihrem Grundstück bestellt. Eine derartige Regelung hätte keinen Einfluss auf den gesetzlichen Güterstand der Eheleute.

Wird keine Regelung getroffen und verlässt sich Fridolin T. auf den ihm im Falle einer Scheidung zustehenden Zugewinnausgleich, kann dies dazu führen, dass er für seine Arbeitsleistung nichts erhält. Das liegt daran, dass das geerbte Haus als sogenannter privilegierter Erwerb (siehe Seite 12) im Anfangsvermögen zu berücksichtigen ist. Zudem hat eine Indexierung siehe Seite 14 zu erfolgen mit dem Ergebnis, dass der Wert des Anfangsvermögens häufig den Wert des Endvermögens erreicht und somit ein Zugewinn nicht erzielt wird. Es wird davon ausgegangen, dass die Immobilie am 20. 10. 2007 einen Wert von 150.000,00 € hat.

	Fridolin T.	Karin T.
Endvermögen	0 €	150.000 € Immobilie
Anfangsvermögen	0 €	0 €
Erbschaft am 1. 6. 1989		120.000 €
Indexiert		
120.000,00 € x **107,4 : 72,8** =		**177.033,00 €**

Auf Grund der Tatsache, dass das Anfangsvermögen zu indexieren ist, ergibt sich für Fridolin T., dass er keinen Zugewinnausgleich erhält.

Sinnvoll wäre daher eine entsprechende güterrechtliche Vereinbarung. So könnte vereinbart werden, dass im Falle einer Scheidung bei Berechnung des Zugewinnausgleiches die Immobilie nicht als privilegierter Erwerb berücksichtigt wird. Damit würde das Objekt nur dem Endvermögen der Ehefrau Karin T. zugeordnet werden und der Ehemann Fridolin T. erhielte so seine Arbeitsleistung im Rahmen des Zugewinnausgleiches entschädigt.

	Fridolin T.	Karin T.
Endvermögen	0 €	150.000 €
Anfangsvermögen	0 €	0 €
Zugewinn	0 €	150.000 €

In diesem Fall wäre die Ehefrau verpflichtet, einen Betrag in Höhe von 75.000 € als Zugewinnausgleich an ihren Ehemann zu zahlen.

Je nachdem, wie umfangreich die Arbeitsleistung von Fridolin T. ist, wird man eine vertragliche Regelung treffen müssen. Es gibt auch die Möglichkeit, dass die ererbte Immobilie zwar als privilegierter Erwerb behandelt wird, jedoch die Indexierung ausgeschlossen wird. Damit ergibt sich folgende Rechnung:

	Fridolin T.	Karin T.
Endvermögen	0 €	150.000 €
Anfangsvermögen	0 €	0 €
Privilegierter Erwerb		120.000 €
Zugewinn	0 €	30.000 €

Bei dieser Regelung hat die Ehefrau die Hälfte ihres Zugewinns, nämlich 15.000 € zu zahlen.

Formulierungsbeispiele:

Ausgangsfall
Wir vereinbaren für den Fall der Trennung und/oder Scheidung, dass der Ehemann als Ausgleich für die am Hause der Ehefrau geleistete Arbeit einen Betrag in Höhe von 40.000 € erhalten soll.

Abwandlung 1
Wir leben im gesetzlichen Güterstand der Zugewinngemeinschaft, diesen Güterstand wollen wir beibehalten. Für den Fall unserer Scheidung vereinbaren wir allerdings, dass bei der Berechnung des Zugewinnausgleiches die Immobilie in Essen . . . nicht als privilegierter Erwerb behandelt werden soll.

Abwandlung 2
Wir leben im gesetzlichen Güterstand der Zugewinngemeinschaft. Bei diesem Güterstand soll es bleiben. Wir sind uns darüber einig, dass die Immobilie in Essen . . . als privilegierter Erwerb behandelt und mit 120.000 € bewertet werden soll. Auf eine Indexierung dieses Betrages wird im Falle eines scheidungsbedingten Zugewinnausgleiches ausdrücklich verzichtet.

Auch aus beruflichen Gründen kann die Notwendigkeit eintreten, während intakter Ehe güterrechtliche Vereinbarungen zu treffen:

BEISPIEL: Walter K. aus Mülheim ist seit 15 Jahren mit seiner Ehefrau Dagmar verheiratet. Er ist inzwischen 50 Jahre alt, als er erfährt, dass sein Arbeitgeber Insolvenz anmelden muss. Walter K. ist sich darüber im Klaren, dass er in seinem Alter kaum Chancen hat, wieder einen entsprechenden Arbeitsplatz als Computerfachmann zu erhalten. Mehrere seiner Kollegen sind in gleicher Situation. Aus diesem Grunde entschließen sie sich, sich selbständig zu machen und eine GmbH zu gründen. Dabei kommen sie überein, dass das noch junge Unternehmen auf gar keinen Fall dadurch in Schwierigkeiten kommen soll, dass einer der Mitgesellschafter durch Trennung oder Scheidung finanziellen Belastungen ausgesetzt ist. Sie vereinbaren daher in ihrem Gesellschaftsvertrag, dass jeder Mitgesellschafter verpflichtet ist, einen Ehevertrag zu schließen, der dazu führt, dass im Falle einer Scheidung die Firmenbeteiligung unberücksichtigt bleibt.

Wie bereits dargelegt, bieten sich hier zwei Möglichkeiten an, den Anforderungen des Gesellschaftsvertrags Rechnung zu tragen.

Die konsequenteste **Lösung** ist dabei sicherlich die Vereinbarung der **Gütertrennung**. Dies würde aber dazu führen, dass nicht nur die Firmenanteile, sondern auch das gesamte Vermögen bei einer Scheidung ohne Ausgleich bei dem jeweiligen Ehepartner verbleibt.

Vorsicht Falle:

Häufig werden gesellschaftsrechtliche Vereinbarungen zur Begründung dafür herangezogen, dass während laufender Ehe vom gesetzlichen Güterstand zur Gütertrennung gewechselt wird. Hier bietet sich als völlig ausreichende Lösungsmöglichkeit aber auch die modifizierte Zugewinngemeinschaft an, mit der Maßgabe, dass lediglich die Firmenbeteiligung im Falle einer Scheidung vom Zugewinnausgleich ausgeschlossen bleibt.

Formulierungsbeispiel:

> Wir leben im gesetzlichen Güterstand der Zugewinngemeinschaft. Bei diesem Güterstand soll es für unsere Ehe auch weiterhin bleiben. Wir vereinbaren allerdings, dass bei der Berechnung eines etwaigen Zugewinns die Geschäftsanteile des Ehemannes an der C-GmbH unberücksichtigt bleiben sollen.

Es gibt auch Situationen, in denen Ehepartner sich darüber Gedanken machen, ob es nicht sinnvoll ist, den zu einem früheren Zeitpunkt geschlossenen **Ehevertrag aufzuheben** oder zu **ändern**.

> **BEISPIEL:** Der Unternehmer Wilhelm K. aus Augsburg hat vor 20 Jahren seine damalige Sekretärin Uschi geheiratet. Da es sich bereits um seine zweite Ehe handelte, wurde Gütertrennung vereinbart. Inzwischen hat Wilhelm K. das 70. Lebensjahr vollendet, während seine Frau Uschi 15 Jahre jünger ist. Da sich die Ehe für beide Partner als Glücksfall erwiesen hat, fragt Wilhelm K., ob insbesondere im Hinblick auf sein vorgerücktes Alter der Güterstand der Gütertrennung noch sinnvoll ist.

Wie bereits dargestellt (siehe S. 15), führt die Gütertrennung dazu, dass der Erbschaftssteuerfreibetrag nicht wie im gesetzlichen Güterstand der Zugewinngemeinschaft um 1/4 erhöht wird.

> Uschi K. steht zwar ein Ehegattenfreibetrag von **500.000,00 €** zu (Stand **2009**), nach derzeitigen Erkenntnissen würde Uschi K. aber ein Erbe im Werte von **580.000,00 €** zufließen. Dies würde bedeuten, dass sie für **80.000,00 €** geerbtes Vermögen Erbschaftsteuer bezahlen müsste. Aus diesem Grunde ist es in diesem Beispielsfall ratsam, die bei der Heirat vereinbarte Gütertrennung wieder aufzuheben und den gesetzlichen Güterstand der Zugewinngemeinschaft zu vereinbaren, sodass keine Erbschaftssteuer zu zahlen ist. Ein solcher Aufhebungsvertrag ist ebenfalls beurkundungspflichtig.

Formulierungsbeispiel:

> Wir haben mit Vertrag vom 25. 4. 1983 für unsere Ehe Gütertrennung vereinbart. Diese Vereinbarung heben wir hiermit auf, mit der Maßgabe, dass für unsere Ehe ab sofort wieder der gesetzliche Güterstand gelten soll.

EIN WEITERES BEISPIEL: Manfred und Cordula T. aus Langenfeld sind seit dem 1. 4. 1994 verheiratet. Manfred T. erbt von seinem Vater am 2. 2. 1995 einen Geldbetrag, der 250.000,00 € entspricht. Die Eheleute T. erfüllen sich damit den lang gehegten Wunsch nach einem Eigenheim. Der Ehemann Manfred T. ist bereit, seine Ehefrau zur Hälfte an diesem Haus zu beteiligen, obwohl er das Haus alleine bezahlt hat. Er möchte allerdings sichergehen, dass für den Fall, dass die Ehe scheitert, diese Vermögenszuwendung rückgängig gemacht wird.

Ohne entsprechende Vereinbarung ergibt sich für den Fall des Scheiterns der Ehe im Jahre 2007 folgende Situation, wobei davon ausgegangen wird, dass beide Eheleute über kein Anfangsvermögen verfügt haben und die gemeinsame Immobilie mit einem Wert von 350.000,00 € das einzige Endvermögen darstellt.

	Manfred T.	Cordula T.
Endvermögen (je 1/2 Haus)	175.000,00 €	175.000,00 €
abzgl. Anfangsvermögen	0,00 €	0,00 €
privilegierter Erwerb		
Erbschaft im Jahre 1995	250.000,00 €	0,00 €
Zugewinn	0,00 €	175.000,00 €

Über die rein güterrechtliche Lösung würde Manfred T. von seiner Ehefrau lediglich 87.500,00 € als Zugewinnausgleich erhalten, obwohl er seiner Ehefrau 175.000,00 € zugewendet hat.

Dieses Ergebnis ist aus seiner Sicht unbefriedigend. Es besteht jedoch ohne vertragliche Vereinbarung kein Rückforderungsrecht im Hinblick auf den hälftigen Eigentumsanteil oder Auszahlung des entsprechenden Wertes.

Um dies zu verhindern, ist es daher ratsam, in einer notariellen Urkunde zu vereinbaren, dass für den Fall der Scheidung die Ehefrau verpflichtet ist, ihren $1/2$-Eigentumsanteil an der Immobilie **unentgeltlich** auf ihren Ehemann **zurückzuübertragen**.

Formulierungsbeispiel:

> Wir, die Eheleute Manfred und Cordula T., beabsichtigen, gemeinsam die Immobilie Schlossstr. 12 in Langenfeld zu erwerben, wobei der Kaufpreis ausschließlich von mir, dem Ehemann Manfred T. gezahlt wird. Gleichwohl soll meine Ehefrau zu 1/2-Anteil Miteigentümerin der Immobilie werden. Für den Fall der Scheidung unserer Ehe verpflichtet sich die Ehefrau Cordula T., ihren hälftigen Miteigentumsanteil unentgeltlich an ihren Ehemann zu übertragen.

Damit steht zunächst fest, dass im Falle des Scheiterns der Ehe der Eheleute T. Manfred T. Alleineigentümer der Immobilie wird. Unabhängig davon ist jedoch der Zugewinnausgleich durchzuführen. Dieser berechnet sich dann wie folgt:

	Manfred T.	Cordula T.
Endvermögen zum Stichtag	350.000,00 €	0,00 €
Anfangsvermögen	0,00 €	0,00 €
privilegierter Erwerb		
Erbschaft 1995	250.000,00 €	Indexierung
250.000,00 € x **107,4 : 87,1 =**	**308.266,00 €**	0,00 €
Zugewinn	**41.734,00 €**	0,00 €

Somit hat Manfred T. an seine Ehefrau einen Zugewinn in Höhe von **20.867,00 €** zu zahlen.

c) Bei Trennung oder Scheidung

Am häufigsten kommt es zu Eheverträgen, wenn die Ehe gescheitert ist oder zumindest zu scheitern droht. Auch in diesem Stadium einer Ehe ist es sinnvoll, zu fairen Vereinbarungen zu kommen. Insbesondere bei großem Vermögen ist es unter Kostengesichtspunkten ratsam, vermögensrechtliche Auseinandersetzungen aus dem Ehescheidungsverfahren herauszuhalten und bereits vorab eine **Trennungs-** und **Ehescheidungsfolgenvereinbarung** zu treffen. Besonders kostengünstig ist dies möglich, wenn sich die Ehepartner im Prinzip einig sind, da dann die Möglichkeit besteht, gemeinsam einen Notar aufzusuchen, der nach entsprechender Beratung eine Vereinbarung beurkundet. Hierbei fallen nur Gebühren nach der Kostenordnung an, nach der alle Notare in Deutschland abrechnen.

Dieser Weg ist jedoch nicht ohne Risiko, weil häufig die finanziell schwächeren Ehepartner – die in der Regel auch in wirtschaftlichen Dingen nicht versiert sind – die Tragweite derartiger Vereinbarungen nicht hinreichend überschauen können. Es kann daher im Zweifelsfall nur geraten werden, eine individuelle juristische **Beratung** durch einen **Anwalt**, der ausschließlich die Interessen seines Mandanten vertritt, in Anspruch zu nehmen. Dies macht nicht nur im Vorfeld Sinn, sondern insbesondere auch dann, wenn notarielle Vertragsentwürfe bereits gefertigt und an die Eheleute übersandt wurden.

Generell sind **Vereinbarungen** über den **Güterstand** bei Trennung und Scheidung nur dann sinnvoll, wenn die Ehepartner sich entschließen, lediglich getrennt zu leben und von einer Scheidung zunächst absehen. Denn damit bleiben sie weiterhin im Güterstand der Zugewinngemeinschaft mit der Folge, dass auch das während der Trennungszeit – selbst wenn diese Jahrzehnte dauert – erwirtschaftete Vermögen dem Zugewinnausgleich unterliegt. Es empfiehlt sich daher, außergerichtlich eine Vereinbarung über den Zugewinnausgleich in einem Ehevertrag zu treffen.

Wird hingegen ein Scheidungsverfahren rechtshängig gemacht, löst die Zustellung des Scheidungsantrags an den anderen Ehepartner den **Stichtag** für die Berechnung des **Zugewinnausgleichsanspruchs** aus, sodass für die Zeit nach dem Stichtag Vermögenszuwächse nicht mehr zu berücksichtigen sind.

BEISPIEL: Peter und Verena P. aus Mülheim sind seit 20 Jahren verheiratet. Ihre Ehe ist gescheitert. Ein Scheidungsverfahren ist vor dem Amtsgericht Mülheim bereits rechtshängig. Die Eheleute leben im gesetzlichen Güterstand der Zugewinngemeinschaft. Sie wollen für ihre Ehescheidungsfolgesachen eine einvernehmliche Regelung, insbesondere was die Vermögensauseinandersetzung angeht. Sie sind sich einig, dass Verena P. einen Betrag von 200.000 € als Zugewinnausgleich erhalten soll. Peter P. ist der Ansicht, dass er lediglich den Betrag in Höhe von 200.000 € an seine Ehefrau bezahlen muss und weitere Regelungen nicht erforderlich sind.

Vorsicht Falle:

Wie bereits dargelegt, sind Regelungen über den Zugewinnausgleich nur wirksam, wenn sie in notarieller Form geschlossen werden oder aber eine entsprechende Vereinbarung im laufenden Scheidungsverfahren als Vergleich protokolliert wird. Ohne eine formgerechte Vereinbarung läuft Peter P. Gefahr, dass seine Ehefrau innerhalb der nächsten drei Jahre ab Rechtskraft der Scheidung weitergehende Zugewinnausgleichsansprüche geltend machen kann.

Formulierungsbeispiel:

Zur Abgeltung des Zugewinnausgleiches zahlt Peter P. an seine Ehefrau Verena P. einen Betrag in Höhe von 200.000 €. Weitere Zugewinnausgleichsansprüche bestehen nicht. Vorsorglich wird auf sie wechselseitig verzichtet und dieser Verzicht wechselseitig angenommen.

EIN WEITERES BEISPIEL: Die Eheleute Rolf und Christine E. aus München trennen sich nach 25 Jahren Ehe. Sie wollen in aller Freundschaft auseinandergehen, wobei ein Scheidungsverfahren zunächst nicht beabsichtigt ist. Der einzige Vermögenswert ist die gemeinsame Immobilie Parkstraße 17 in München mit einem Wert von 500.000 €. Die Eheleute kommen überein, dass die schuldenfreie Immobilie veräußert und der Gewinn geteilt werden soll. Jeder der Ehepartner erhält mithin 250.000 €. Während Christine E. den Betrag in Höhe von 250.000 € gewinnbringend anlegt, genießt Rolf E. das Leben und verbraucht sein Geld, indem er eine Weltreise unternimmt und einen Porsche kauft. Wenig später verunfallt der Porsche total. Rolf E. hat bei seiner Weltreise eine 25-jährige Stewardess kennengelernt und beabsichtigt, noch einmal zu heiraten. Aus diesem Grunde reicht er nach fünfjähriger Trennungszeit die Scheidung ein und erfährt durch seinen Anwalt, dass für die Berechnung des Zugewinnausgleichs der Tag maßgebend ist, an dem der Scheidungsantrag seiner Ehefrau zugestellt wird. Er wird zudem darüber informiert, dass er und seine Ehefrau bisher keine wirksame Vereinbarung über den Zugewinnausgleich geschlossen haben.

Das Vermögen der Christine E. hat sich mittlerweile auf 300.000 € erhöht, da sie immer sparsam gelebt hat. Rolf E. verfügt am Stichtag über kein Vermögen mehr und fordert von seiner Ehefrau einen Zugewinnausgleich in Höhe von 150.000 €. Christine E. ist empört und verweist auf die mündliche Absprache zum Zeitpunkt der Trennung.

Wegen der Formbedürftigkeit ist diese jedoch unwirksam und sie wird den Zugewinnausgleich in Höhe von 150.000 € an ihren Ehemann leisten müssen.

Es wäre daher ratsam gewesen, folgende Vereinbarung in notarieller Form zu treffen:

> Wir sind getrennt lebende Eheleute. Wir leben im gesetzlichen Güterstand der Zugewinngemeinschaft. Ein Ehescheidungsverfahren ist bisher nicht rechtshängig. Wir heben ab sofort den gesetzlichen Güterstand der Zugewinngemeinschaft auf und vereinbaren für unsere Ehe Gütertrennung.
>
> Wir sind uns darüber einig, dass die in unserem gemeinsamen Eigentum stehende Immobilie Parkstr. 17 veräußert und der Kaufpreis geteilt wird. Damit sind sämtliche etwaigen Zugewinnausgleichsansprüche erledigt.

WEITERES BEISPIEL: Wolfgang H. und Heike H. haben sich nach langjähriger Ehe getrennt. Da beide beruflich neu anfangen wollen, wollen sie sich keiner finanziellen Belastung aussetzen. Ein Zugewinnausgleich soll daher zu diesem Zeitpunkt nicht stattfinden. Andererseits kommt es ihnen darauf an, den Zeitpunkt festzulegen, zu dem der Zugewinnausgleichsanspruch berechnet werden soll.

Da ein Scheidungsverfahren zurzeit nicht gewollt ist, kann der Stichtag nicht gesetzlich herbeigeführt werden. In einem solchen Falle empfiehlt es sich, für die Berechnung des Zugewinnausgleichs den **Stichtag** in notarieller Form **festzulegen**.

Formulierungsbeispiel:

> Wir sind getrennt lebende Eheleute. Wir leben im gesetzlichen Güterstand der Zugewinngemeinschaft. Ein Scheidungsverfahren ist zurzeit nicht beabsichtigt. Für die Berechnung eines etwaigen Zugewinnausgleichsanspruchs soll der Zeitpunkt unserer Trennung, der 1. 6. 2007, gelten.

Solche Vereinbarungen sind jedoch nicht ohne Risiko, insbesondere dann nicht, wenn Ehepartner über Jahre oder gar Jahrzehnte getrennt leben und erst dann die Scheidung eingereicht wird, mit der Folge, dass der Zugewinnausgleich zu berechnen ist. Häufig lässt sich nach vielen Jahren nicht mehr rekonstruieren, welches Vermögen an dem vereinbarten Stichtag vorhanden war.

Deshalb sollte die vorstehende Formulierung wie folgt ergänzt werden:

> Wir sind uns darüber einig, dass das Endvermögen am Stichtag, dem 1. 6. 2007, beim Ehemann 200.000 € und bei der Ehefrau 100.000 € beträgt.

Noch sicherer ist es, bereits die Höhe des Zugewinnausgleichsanspruches festzulegen.

> Wir sind uns darüber einig, dass der Ehefrau zum Stichtag 1. 6. 2007 ein Zugewinnausgleichsanspruch in Höhe von 50.000 € zusteht. Dieser Anspruch soll allerdings erst im Scheidungsfall fällig werden.

Ein weiteres Risiko ergibt sich aus § 1378 Abs. 2 BGB. Danach ist der Zugewinnausgleich auf das Vermögen begrenzt, das bei Rechtskraft der Scheidung beim Verpflichteten noch vorhanden ist.

II. Versorgungsausgleich

Der Versorgungsausgleich ist erstmals mit der Eherechtsreform im Jahre 1977 eingeführt worden. Das frühere Scheidungsrecht kannte eine solche Regelung nicht, so dass insbesondere nicht berufstätige Frauen im Alter häufig mittellos waren und Sozialhilfe in Anspruch nehmen mussten. Durch den Versorgungsausgleich wird erreicht, dass die Renten und Pensionsanwartschaften, die beide Eheleute während der Ehezeit erworben haben, ausgeglichen werden. Da auch heute noch die meisten Ehemänner mehr verdienen und somit auch höhere Rentenanwartschaften erwerben, sind es meist die Frauen, die einen Ausgleich der Rentenanwartschaften beanspruchen können. Selbstverständlich gibt es aber auch die Fälle, in denen die Frauen ausgleichspflichtig sind. Am 1. 9. 2009 ist das Gesetz zur

Strukturreform des Versorgungsausgleiches (VAStrERef) in Kraft getreten. Die gesetzlichen Regelungen zum Versorgungsausgleich sind grundlegend geändert worden. Das neue Versorgungsausgleichsgesetz (VersAusglG) ist Teil des Gesetzes zur Strukturreform des Versorgungsausgleiches. Ziel der Reform ist eine gerechtere und schnellere Aufteilung an den gemeinsam erworbenen Ansprüchen.

Es wird jedes Anrecht eines Ehegatten auf Versorgung grundsätzlich intern geteilt. Jetzt können auch betriebliche und private Anrechte schon im Wertausgleich bei der Scheidung geteilt und damit abschließend geregelt werden. Jeder Ehepartner kann zugleich ausgleichsberechtigt und ausgleichspflichtig sein, wenn beide Partner Versorgungsanrechte erworben haben.

1. Stichtag

Wichtig zu wissen ist, dass nur die Zeiten, die in die Ehezeit fallen, ausgeglichen werden.

Die Ehezeit im Sinne diesese Gesetzes beginnt mit dem 1. Tag des Monats, in dem die Ehe geschlossen worden ist; sie endet am letzten Tag des Monats vor Zustellung des Scheidungsantrages, vergl. § 3 VerAusglG.

Maßgeblich ist also auch der Stichtag, der beim Zugewinnausgleich angenommen wird, nämlich Rechtshängigkeit (Zustellung des Scheidungsantrages an den anderen Ehepartner). Allerdings wird hier der Stichtag auf das Ende des der Rechtshängigkeit vorausgehenden Monats vorverlegt.

2. Gesetzliches Verfahren

Ausgleichspflichtig sind alle Versorgungsansprüche, die von den Ehegatten während der Ehezeit erworben wurden. Darunter fallen z. B. Rentenanwartschaften in der Deutschen Rentenversicherung Bund, der Knappschaftsversicherung, der Beamtenversorgung sowie die Anwartschaften auf eine Betriebsrente etc.

Nach Einreichung des Scheidungsantrages erhält jeder Ehepartner Formulare zur Klärung der Versorgungsanwartschaften zugesandt.

Diese müssen unterschrieben an das zuständige Gericht zurückgesandt werden. Sind die Eheleute anwaltlich vertreten, sind die Formulare ausgefüllt und unterschrieben zunächst an den Anwalt zu senden, der diese dann bei Gericht einreicht. Das Gericht wiederum leitet die Fragebögen an den zuständigen Rentenversicherungsträger weiter, der dann einen Versicherungsverlauf erstellt. Dies dauert in der Regel drei bis vier Monate.

Dem Rentenversicherungsverlauf können die Rentenanwartschaften entnommen werden, die der jeweilige Ehepartner in seiner ganzen beruflichen Tätigkeit erworben hat. Für den Versorgungsausgleich ist allerdings nur die Zeit, die auf die **Ehezeit** entfällt, entscheidend. Diese Rubrik ist in dem Versicherungsverlauf gesondert gekennzeichnet.

BEISPIEL: Die Eheleute Rolf und Barbara H. aus Essen haben im Jahre 1980 geheiratet. Der Ehemann ist leitender Angestellter in einer Dentalfirma. Er hat durchgängig während der Ehe gearbeitet und entsprechende Rentenanwartschaften bei der Rentenversicherung Bund erworben. Die Ehefrau Barbara ist nicht berufstätig und hat lediglich Kindererziehungszeiten für die aus der Ehe hervorgegangenen Kinder Heike und Peter erworben. Aus dem Versicherungsverlauf ergibt sich, dass Herr H. Rentenanwartschaften, bezogen auf die Ehezeit, in Höhe von 2.000 € und die Ehefrau im Hinblick auf die Kindererziehungszeiten in Höhe von 200 € erworben haben.

Es ergibt sich somit eine Differenz in Höhe von 1.800 €. Die Hälfte der Differenz, also 900 €, sind vom Rentenkonto des Herrn H. auf das Rentenkonto seiner Ehefrau zu übertragen. Eine Verrechnung ist in diesem Fall auch nach neuem Recht möglich, da hier die Versorgungsanrechte bei dem gleichen Rentenversicherungsträger erworben wurden.

Das neue Versorgungsausgleichsgesetz sieht vor, dass bei einer Ehezeit von bis zu drei Jahren der Versorungsaugleich nur dann stattfindet, wenn ein Ehegatte dies beantragt; vergl. § 3 Abs. 3 VerAusglG.

3. Vertragliche Vereinbarung

Die gesetzliche Regelung des Versorgungsausgleichs ist in vielfältiger Weise vertraglich abänderbar. Dies beginnt bei nur geringfügigen Modifikationen und endet mit dem völligen Ausschluss des Versorgungsausgleichs. Auch hier spielen die persönlichen und wirtschaftlichen Verhältnisse, in denen die Ehepartner leben, und der Zeitpunkt, zu dem Vereinbarungen getroffen werden sollen, eine entscheidende Rolle.

Für die Entscheidung, ob vertragliche Änderungen der gesetzlichen Versorgungsausgleichsregelung sinnvoll sind, ist zunächst ausschlaggebend, ob es sich um gleichaltrige junge Personen oder ältere Personen oder Paare mit großem Altersunterschied handelt. Ebenso von Bedeutung ist es, ob für das Alter bereits Vorsorge getroffen wurde oder nicht:

a) Völliger Ausschluss des Versorgungsausgleichs vor Eheschließung

BEISPIEL: Konstanze S. und ihr Verlobter Herbert G. beabsichtigen zu heiraten. Sie sind nach Abschluss ihrer Ausbildung zwei Jahre bereits in einem großen Unternehmen als kaufmännische Angestellte tätig. Beide sind bei der Rentenversicherung Bund rentenversichert. Die Höhe ihres Einkommens ist in etwa gleich. Herbert G. versucht, seine Verlobte davon zu überzeugen, dass ein Ausschluss des Versorgungsausgleichs sinnvoll ist. Er begründet dies damit, dass beide in etwa die gleichen Rentenanwartschaften erwerben, so dass auch bei Durchführung des Versorgungsausgleichs für keinen von beiden nennenswerte Ansprüche entstehen können.

Auf den ersten Blick betrachtet, lässt sich gegen diese Argumentation nichts einwenden. Voraussetzung ist allerdings, dass beide während der Ehezeit kontinuierlich weiterarbeiten und Rentenanwartschaften erwerben. In diesem Fall ist jedoch eine vertragliche Regelung gar nicht notwendig, da bei Durchführung des Versorgungsausgleichs nur – wenn überhaupt – ganz geringfügige Rentenanwartschaften zu übertragen sind. Andererseits ist aber eine vertragliche Regelung, die den Versorgungsausgleich ausschließt, auch nicht schädlich. Sollte die Ehe von Herbert und Konstanze G. also beispielsweise nach fünf Jahren geschieden werden, käme man sowohl nach der gesetzlichen als auch nach der vertraglichen Regelung zum Versorgungsausgleich in etwa zum gleichen Ergebnis.

Nach neuem Recht führt der Ausschluss des Versorgungsaugleichs nicht mehr automatisch zur Gütertrennung. Der Ausschluss des Versorgungsaugleichs kann nunmehr isoliert vereinbart werden, ohne dass es zu einer Gütertrennung kommt.

> **ABWANDLUNG DES BEISPIELS:** Anders stellt sich jedoch der Fall dar, wenn das Leben der Eheleute Konstanze und Herbert G. anders verläuft als geplant:
> Obwohl sich Konstanze vorgenommen hat, Karriere zu machen, tritt nach zwei Jahren Ehe ungewollt eine Schwangerschaft ein. Konstanze entscheidet sich für das Kind und kehrt nach Ablauf des Mutterschutzes und des Erziehungsjahres nicht wieder in den Beruf zurück.

Wird die Ehe der Familie G. auch in diesem Falle nach fünf Jahren geschieden, ergibt sich bei gesetzlicher Regelung des Versorgungs-ausgleichs folgende Situation:

Konstanze G. hat in der Ehezeit nur zwei Jahre Rentenanwartschaf-ten sowie Anwartschaften aus Kindererziehungszeiten erworben. Der Ehemann war dagegen während der fünfjährigen Ehe durch-gängig berufstätig. Konstanze G. erhält somit die Hälfte der Diffe-renz der Rentenanwartschaften auf ihr Rentenkonto übertragen. Hat Konstanze G. jedoch bei Eheschließung der Bitte ihres Eheman-nes auf Ausschluss des Versorgungsausgleichs Folge geleistet, stellt sich dies jetzt als Falle heraus: Konstanze G. erhält aus ihrer fünfjäh-rigen Ehezeit trotz der Tatsache, dass sie ein Kind zur Welt gebracht hat, keine Rentenanwartschaften von ihrem Ehemann. Ihr verblei-ben lediglich ihre eigenen Rentenansprüche, erhöht um die Kinder-erziehungszeiten.

Nach neuer Rechtsprechung gibt es zwar im Einzelfall die Möglich-keit, derartige Vereinbarungen gerichtlich überprüfen zu lassen, wo-bei die Erfolgschancen heute auch deutlich größer sind als noch vor einigen Jahren, gleichwohl sind derartige Verfahren mit erheblichen

Kostenrisiken verbunden, sodass es besser ist, eine solche vertragliche Regelung im Vorfeld genau zu überdenken. Dies gilt auch für Paare im bereits vorgerückten Alter. Allerdings sind hier andere Faktoren zu berücksichtigen.

> **BEISPIEL:** Friedhelm B. und Theresia H. leben seit einigen Jahren in einer gemeinsamen Wohnung und beabsichtigen nunmehr zu heiraten. Friedhelm ist bereits nach 20-jähriger Ehe geschieden worden. Er musste einen großen Teil seiner Rentenanwartschaften an die erste Ehefrau übertragen. Theresia H. ist ebenfalls geschieden. Sie hat im Rahmen des Versorgungsausgleichs nicht unerhebliche Rentenanwartschaften erworben. Aus der ersten Ehe sind noch drei minderjährige Kinder vorhanden, aus diesem Grund geht sie einer beruflichen Tätigkeit zur Zeit nicht nach. Die wirtschaftliche Situation hat es Friedhelm B. nicht ermöglicht, den Verlust der Rentenanwartschaften zu ersetzen. Bei einer Eheschließung ist es für ihn daher von besonderer Bedeutung, nicht noch einmal Rentenanwartschaften abgeben zu müssen. Friedhelm B. wird daher auf den Ausschluss des Versorgungsausgleichs drängen oder sogar die Eheschließung davon abhängig machen. Theresia H. wird dem Wunsch ihres zukünftigen Ehemannes nachkommen, da sie durch einen vertraglichen Ausschluss des Versorgungsausgleichs nicht schlechter gestellt wird als ohne Eheschließung. Denn auch ohne Eheschließung ist sie auf Grund der Kinderbetreuung nicht in der Lage, einer beruflichen Tätigkeit nachzugehen und somit Versorgungsanwartschaften zu erwerben. Im Übrigen erhält sie auf Grund der Eheschließung Unterhaltsansprüche, die möglicherweise höher sind als die gegenüber ihrem geschiedenen Ehemann.

Bereits die vorstehenden Beispiele zeigen, dass es bei der Überlegung, ob der Versorgungsausgleich ausgeschlossen werden soll oder nicht, entscheidend darauf ankommt, ob jemand im Alter versorgt ist oder nicht.

> **BEISPIEL:** Der Großindustrielle Bernhard S. aus Dortmund beabsichtigt, seine langjährige Lebensgefährtin Martina S. zu ehelichen. Neben einer großen Anzahl von Firmenbeteiligungen verfügt Bernhard S. auch über ein umfangreiches Immobilienvermögen. Martina S. ist ebenfalls nicht unvermögend. Sie hat von ihrer Großmutter Miethäuser mit über 50 Wohneinheiten geerbt. Beide sind sich darüber einig, dass das Vermö-

gen in den jeweiligen Familien verbleiben soll. Für den Fall, dass die Ehe wider Erwarten scheitern sollte, möchte keiner von dem anderen irgendwelche Zahlungen erhalten.

In diesem Fall bestehen gegen den Ausschluss des Versorgungsausgleichs keine Bedenken, da beide Ehepartner auf Grund ihres erheblichen Vermögens im Alter abgesichert sind.

b) Teilweiser Ausschluss des Versorgungsausgleichs vor der Eheschließung

Neben dem völligen Ausschluss des Versorgungsausgleichs kommt auch ein Ausschluss, der den Versorgungsausgleich nur teilweise erfasst, in Betracht. Modifizierungen des Versorgungsausgleiches sind in vielfacher Art und Weise möglich. Zum einen kann der Stichtag sowohl zum Beginn als auch zum Ende der Ehezeit von den Parteien vertraglich festgelegt werden, zum anderen können Teilbereiche der Altersversorgung vom Versorgungsausgleich ausgeschlossen werden. Auch hinsichtlich der Höhe der auszugleichenden Versorgungsanwartschaften können individuelle Regelungen getroffen werden. Ebenso können Gegenleistungen wie beispielsweise der Abschluss privater Lebensversicherungen mit dem Ausschluss oder dem teilweisen Ausschluss des Versorgungsausgleichs verbunden werden.

BEISPIEL: Frank und Susanne P. aus Duisburg beabsichtigen, die Ehe zu schließen. Susanne P. ist als kaufmännische Angestellte bei der Deutschen Rentenversicherung Bund versichert. Ihr zukünftiger Ehemann ist als Facharbeiter ebenfalls rentenversichert. Die Eltern beider Eheleute sind geschieden. Aus diesem Grunde wollen Frank und Susanne P. für ihre Ehe einen Ehevertrag abschließen. Neben anderen Regelungen geht es ihnen auch darum, bezüglich des Versorgungsausgleichs eine Abänderung der gesetzlichen Lage herbeizuführen. Der Grund liegt für Susanne P. insbesondere darin, dass sie über ein deutlich höheres Einkommen verfügt als ihr Ehemann. Andererseits wollen Frank und Susanne P. den Versorgungsausgleich nicht vollständig ausschließen, sondern vom Bestand ihrer Ehe abhängig machen. Schließlich einigen sie sich darauf, dass der Versorgungsausgleich erst dann zur Durchführung kommen soll, wenn die Ehe mindestens zehn Jahre bestanden hat.

In diesem Fall bietet sich folgende Formulierung an:

> Der Versorgungsausgleich wird für den Fall gegenseitig und vollständig ausgeschlossen, dass einer von uns vor Ablauf von 10 Jahren einen Antrag auf Ehescheidung stellt.
>
> Der Notar hat uns über den teilweisen Ausschluss des Versorgungsausgleichs belehrt, insbesondere auch darüber, dass im Falle einer Scheidung innerhalb der ersten zehn Jahre unserer Ehe keiner von uns Anspruch auf während der Ehe erworbene Rentenanwartschaften des anderen Ehepartners besitzt. Er hat uns darauf hingewiesen, dass jeder von uns insoweit für seine eigene Altersversorgung Sorge tragen muss.

Doch nicht nur vor einer Heirat, sondern auch bei intakten Ehen, bei denen auf Grund wirtschaftlicher Erfolge deutliche Veränderungen gegenüber der Vermögenssituation bei Eheschließung eintreten, ist es sinnvoll, darüber nachzudenken, ob gesetzliche oder bei Eheschließung vereinbarte vertragliche Regelungen nicht geändert werden sollten. Dies ist insbesondere dann der Fall, wenn, aus welchen Gründen auch immer, die Vermögenssituation der Ehepartner sich unterschiedlich entwickelt hat. Auch in diesem Stadium kommt ein völliger oder auch nur ein teilweiser Ausschluss des Versorgungsausgleiches in Betracht.

c) Völliger Ausschluss des Versorgungsausgleichs während intakter Ehe

BEISPIEL: Harald und Kordula Z. aus Augsburg haben vor fünf Jahren die Ehe geschlossen. Zu diesem Zeitpunkt war Kordula nur teilzeitbeschäftigt, während Harald eine gut dotierte Stelle als Prokurist in einer großen Firma innehatte. Einen Ehevertrag haben die Eheleute nicht abgeschlossen. Nach fünf Jahren verstirbt die Mutter der Ehefrau und hinterlässt ihrer Tochter Geschäftsanteile einer Firma, aus der sie monatlich 2.500 € bezieht. Ihre Mutter hinterlässt ihr darüber hinaus zwei Miethäuser, aus denen sie nach Abzug der noch auf den Immobilien lastenden Verbindlichkeiten, die mit monatlich 3.000 € zu tilgen sind, einen Überschuss von 1.000 € monatlich erzielt. Aufgrund dieser Einkommensquellen gibt Kordula Z. ihre berufliche Tätigkeit auf und widmet sich allein Heim und Garten. Harald ist damit einverstanden, zumal diese neue Regelung auch ihm persönlich in erheblichem Maße zugute kommt. Kurze Zeit später hört er, dass einer seiner engsten Freunde die Scheidung eingereicht hat. Dabei erfährt er, dass dieser im Rahmen des Scheidungsverfahrens die Hälfte der von ihm während der Ehezeit erworbenen Rentenanwartschaften auf seine Ehefrau übertragen muss, obwohl diese aus einem umfangreichen Immobilienvermögen im Alter abgesichert ist. Obwohl seine Ehe mit Kordula nach wie vor harmonisch verläuft, möchte er für sich eine solche Situation ausschließen. Die Eheleute Kordula und Harald Z. entschließen sich daher, eine ehevertragliche Regelung bezüglich des Versorgungsausgleichs zu treffen.

Vorsicht Falle:

Im vorliegenden Fall besteht erhöhter Beratungsbedarf, insbesondere bei der Ehefrau, die auf den Ausgleich von Rentenanwartschaften verzichten soll, während der Ehemann nur Vorteile aus einer solchen Vereinbarung hätte. Kordula Z. muss sich durch entsprechende Beratung vergewissern, dass die ihr aus den Firmenbeteiligungen und aus Vermietung und Verpachtung zufließenden Gelder tatsächlich eine ausreichende Altersversorgung darstellen. Dies kann insbesondere hinsichtlich der Firmenbeteiligungen zweifelhaft sein, da nicht feststeht, ob die zurzeit sicher für eine Altersvorsorge ausreichenden Beträge von 2.500 € monatlich auch im Alter zur Verfügung stehen. Beim Immobilienvermögen wird man dagegen von einer etwas größeren Sicherheit ausgehen können. Aber auch hier lässt sich ein Restrisiko nicht ausschließen, weil man nicht weiß, wie sich der Immobilienmarkt entwickeln wird und welche Beträge zukünftig durch Vermietung und Verpachtung erzielt werden können. Andererseits wird man eine gewisse Wahrscheinlichkeit für ausreichend erachten müssen, da Eheverträge natürlich auch nicht dazu dienen, das komplette Lebensrisiko abzusichern. Nach menschlichem Ermessen besteht im vorliegenden Fall daher nur ein geringes Restrisiko, sodass sich Kordula Z. entschließen kann, der Bitte ihres Mannes zu folgen und den Versorgungsausgleich auszuschließen

Treffen die Eheleute Z. nun aber lediglich eine Vereinbarung über den Ausschluss des Versorgungsausgleichs bei gleichzeitiger Beibehaltung des gesetzlichen Güterstands der Zugewinngemeinschaft, träte im Falle einer Scheidung die Situation ein, dass Kordula Z. im Rahmen eines Zugewinnausgleichs Wertzuwächse aus ihren Firmenbeteiligungen und Immobilien zahlen müsste. Aus diesem Grunde bietet sich hier eine „Paketlösung" an, bei der der Ehemann für den Verzicht auf die Durchführung des Versorgungsausgleichs einer modifizierten Regelung der Zugewinngemeinschaft dahingehend zustimmt, dass bei der Durchführung des Zugewinnausgleichs das Immobilienvermögen und die Firmenanteile außer Betracht bleiben.

Formulierungsbeispiel:

§ 1
Wir haben am 3. 3. 1998 die Ehe geschlossen. Wir leben im gesetzlichen Güterstand der Zugewinngemeinschaft. Bei diesem Güterstand soll es bleiben. Wir vereinbaren allerdings, dass im Falle der Scheidung unserer Ehe bei einem durchzuführenden Zugewinnausgleich die Firmenbeteiligungen der Ehefrau sowie ihr Immobilienvermögen außer Ansatz bleiben.

§ 2
Im Gegenzug wird auf die Durchführung des Versorgungsausgleichs verzichtet. Bei dieser Regelung soll es auch für den Fall, dass sich die Rechts- oder Gesetzeslage ändert, bleiben.

d) Teilweiser Ausschluss des Versorgungsausgleichs während intakter Ehe

BEISPIEL: Rita und Engelbert K. aus Berchtesgaden haben vor zehn Jahren die Ehe geschlossen und leben im gesetzlichen Güterstand der Zugewinngemeinschaft. Beide sind bei der Deutschen Rentenversicherung Bund rentenversichert. Da beide ein etwa gleich großes Einkommen haben, ist bei Eheschließung eine Vereinbarung über den Versorgungsausgleich nicht getroffen worden. Nunmehr wechselt Engelbert K., der vorher bei einer kleinen genossenschaftlichen Bank Filialleiter war, zu einer Großbank und übernimmt dort als Filialdirektor eine große Zweigstelle. Neben einem deutlich höheren Gehalt erhält er von seinem neuen Arbeitgeber im Rahmen einer betrieblichen Altersversorgung auch erhebliche Rentenanwartschaften. Kurze Zeit später hinterlässt die Mutter der Ehefrau Rita K. ein nicht unbeträchtliches Immobilienvermögen, aus dem sie monatliche Mieteinnahmen in Höhe von 3.000 € erzielt. Die Ehefrau möchte nun sicherstellen, dass für den Fall, dass ihre Ehe wider Erwarten geschieden wird, ihr diese Einkünfte ungeschmälert bleiben und auch der Wertzuwachs der Immobilien ihr alleine zusteht. Ihr Ehemann Engelbert K. ist zu einer solchen Vereinbarung bereit, wenn die Ehefrau im Gegenzug auf die betriebliche Altersversorgung im Rahmen des Versorgungsausgleiches verzichtet.

In diesem Fall bietet sich folgende Formulierung an:

§ 1

Wir haben am 19. 3. 1993 die Ehe geschlossen.

Wir leben im gesetzlichen Güterstand der Zugewinngemeinschaft. Bei diesem Güterstand soll es bleiben. Für den Fall unserer Scheidung soll bei Durchführung des Zugewinnausgleichs das Immobilienvermögen der Ehefrau, soweit sie es durch Erbschaft von ihrer Mutter erworben hat, außer Ansatz bleiben.

§ 2

Bei der Durchführung des Versorgungsausgleiches soll es ebenfalls bei der gesetzlichen Regelung verbleiben. Davon ausgenommen ist allerdings die betriebliche Altersversorgung, die der Ehemann von seinem Arbeitgeber, der C-Bank, erhält.

e) Völliger Ausschluss des Versorgungsausgleichs bei Trennung oder Scheidung

In diesem Stadium der Ehe wird häufig über eine vertragliche Abänderung der gesetzlichen Regelung verhandelt, insbesondere wenn einer der Ehepartner anderweitig – also außerhalb des Versorgungsausgleichs – für sein Alter bereits vorgesorgt hat und aus diesem Grund die Übertragung von Rentenanwartschaften auf sein Rentenkonto zu einer unbilligen Lösung führen würde.

BEISPIEL: Heinz und Anne O. aus Berlin beabsichtigen, sich scheiden zu lassen. Sie haben für ihre Ehe Gütertrennung vereinbart. Heinz O. verfügt über mehrere Kapitallebensversicherungen, die seine Altersversorgung sicherstellen. Anne O. hat während der gesamten Ehe versicherungspflichtig gearbeitet und auf diese Art und Weise bei der RV Rentenanwartschaften für ihr Alter erworben. Der selbständige Ehemann verfügt demgegenüber über keine gesetzlichen Rentenanwartschaften. Im Falle einer Scheidung müsste Anne O. die Hälfte ihrer gesetzlichen

> Rentenanwartschaften an ihren Ehemann übertragen, während sie im Gegenzug auf Grund der Gütertrennung keinerlei Ansprüche auf die Lebensversicherungen ihres Ehemannes hätte.

In einem solchen Fall wäre es sicherlich unbillig, den gesetzlichen Versorgungsausgleich durchzuführen. Um einen Streit vor Gericht hierüber zu vermeiden, würde es sich daher im Rahmen einer Trennungs- und Ehescheidungsfolgenvereinbarung anbieten, auf die Durchführung des Versorgungsausgleiches zu verzichten.

Formulierungsbeispiel:

> Wir schließen für den Fall der rechtskräftigen Scheidung unserer Ehe den Versorgungsausgleich aus. Auch bei wesentlicher Veränderung der Verhältnisse soll diese Vereinbarung gerichtlich nicht abänderbar sein.

f) Teilweiser Ausschluss des Versorgungsausgleichs bei Trennung und Scheidung

Genau wie vor der Ehe oder während einer intakten Ehe besteht auch hier die Möglichkeit, lediglich einzelne Versorgungsanwartschaften vom Versorgungsausgleich auszuschließen.

> **BEISPIEL:** Udo und Maritta T. aus Leipzig sind 20 Jahre verheiratet. Aus ihrer Ehe sind keine Kinder hervorgegangen. Beide sind in der Deutschen Rentenversicherung Bund rentenversichert. Seit zwölf Jahren besteht eine betriebliche Altersversorgung zugunsten des Ehemanns, während Maritta T. auf Grund einer Erbschaft über erhebliches Einkommen aus Kapital verfügt. Anlässlich der Trennung besprechen die Eheleute, wie eine faire Regelung vorgenommen werden kann. Udo T. ist insbesondere daran interessiert, dass ihm die betriebliche Altersversorgung allein verbleibt, da seine Ehefrau aus dem ererbten Kapital nicht unerhebliche eigene Einkünfte hat. Auch hier sind beide Ehepartner im Alter ausreichend versorgt, so dass dem Wunsch des Ehemannes, die betriebliche Altersversorgung vom Versorgungsausgleich auszuschließen, durchaus nachgekommen werden kann:

Formulierungsbeispiel:

> Bezüglich des Versorgungsausgleichs beschränken wir diesen auf Rentenanwart-
> schaften in der gesetzlichen Rentenversicherung. Die zugunsten des Ehemannes
> bestehende betriebliche Altersversorgung wird bei Durchführung des Versor-
> gungsausgleichs ausdrücklich ausgenommen. **Beide Eheleute sind beim
> Rentenbund rentenversichert.**

g) Herabsetzung der Ausgleichsquote

Im Rahmen der vertraglichen Gestaltungsmöglichkeiten lässt sich
neben dem völligen oder teilweisen Ausschluss des Versorgungsausgleichs auch eine Herabsetzung der Ausgleichsquote vereinbaren. Das bedeutet, dass der Versorgungsausgleich ganz regulär
durchgeführt wird, statt der Hälfte der relevanten Rentenanwartschaften jedoch nur ein entsprechend geringerer Prozentsatz übertragen wird.

> **BEISPIEL:** Die Eheleute Peter und Carmen D. haben im Jahre 1984 die
> Ehe geschlossen. Im Januar 2003 eröffnet Herr D. seiner Ehefrau, dass
> er die Scheidung verlange, da er schon seit mehreren Jahren ein Verhält-
> nis mit einer Berufskollegin unterhalte. Es kommt zu einer einvernehm-
> lichen Trennung. Die Eheleute wollen sich über alle Ehescheidungsfolge-
> sachen einigen.
> Da der Ehemann seiner Ehefrau im Hinblick auf den Zugewinnausgleich
> entgegenkommt, ist die Ehefrau bereit, sich mit einem geringeren Be-
> trag aus dem Versorgungsausgleich zufriedenzugeben. **Beide Eheleute
> sind bei der Rentenversicherung Bund rentenversichert.**

Die Beteiligten vereinbaren daher eine Herabsetzung der Ausgleichsquote.

Formulierungsbeispiel:

> Die Parteien sind sich darüber einig, dass es bei den gesetzlichen Vorschriften
> über den Versorgungsausgleich verbleiben soll, allerdings mit der Einschränkung,
> dass nicht die Hälfte des Wertunterschiedes, sondern nur 40 Prozent des Wert-
> unterschiedes ausgeglichen werden.

h) Lebensversicherung statt Versorgungsausgleich

Eine weitere denkbare Variante ist auch das Abschließen einer Lebensversicherung zugunsten desjenigen, an den im Scheidungsfall Rentenanwartschaften zu übertragen wären. Im Gegenzug verzichtet dieser dann ganz oder teilweise auf die Durchführung des Versorgungsausgleichs.

> **BEISPIEL:** Jessica und Jürgen W. aus Weimar stellen nach zehnjähriger Ehe fest, dass sie sich auseinandergelebt haben. Sie wollen sich einvernehmlich trennen und scheiden lassen. Beide sind in der gesetzlichen Rentenversicherung **Bund** rentenversichert. Daneben verfügt Jürgen W. über eine betriebliche Altersversorgung. Bevor die Eheleute W. das Scheidungsverfahren in Gang setzen, haben sie einen Rentenberater aufgesucht, der Herrn W. eröffnet hat, dass er im Falle der Durchführung des Versorgungsausgleichs erhebliche Beträge auf das Rentenversicherungskonto seiner Ehefrau wird einzahlen müssen.

Um die finanzielle Lage von Jürgen W. nicht über Gebühr zu beanspruchen, könnten die Eheleute W. vereinbaren, dass Jürgen W. für seine Ehefrau eine Lebensversicherung abschließt und sie im Gegenzug darauf verzichtet, die Betriebsrente des Ehemannes bei der Durchführung des Versorgungsausgleichs zu berücksichtigen:

Formulierungsbeispiel:

§ 1
Der Versorgungsausgleich soll nach gesetzlichen Bestimmungen durchgeführt werden. Die betriebliche Altersversorgung des Ehemannes bleibt allerdings unberücksichtigt.

§ 2
Zum Ausgleich für die Ausklammerung der Betriebsrente schließt der Ehemann zugunsten der Ehefrau eine Lebensversicherung auf Rentenbasis ab, wonach die Ehefrau mit Vollendung des 60. Lebensjahres eine monatliche Zahlung in Höhe von . . . € erhält. Die Ehefrau ist unwiderruflich Versicherungsnehmerin und Begünstigte. Im Falle des Vorversterbens tritt an ihre Stelle der Ehemann.

§ 3
Gewinnanteile der Versicherung sind nur zur Erhöhung der Versicherungsleistung zu verwenden.

§ 4

Der Ehemann ist Beitragszahler. Er verpflichtet sich, die Beiträge pünktlich und vertragsgemäß an die Lebensversicherung/Rentenversicherung zu zahlen. Er hat auf Verlangen der Ehefrau die jeweiligen Zahlungen nachzuweisen. Kommt der Ehemann mit der Beitragszahlung mit mehr als 3 Monatsbeiträgen in Rückstand, oder kündigt die Versicherung den Versicherungsvertrag, steht der Ehefrau das Recht zu, die Vereinbarung über den Ausschluss des Versorgungsausgleichs zu widerrufen. Dieser Widerruf hat in notarieller Form zu erfolgen, eine Ausfertigung der Urkunde ist dem Ehemann zuzustellen.

Soweit es um die Absicherung der Beitragszahlungen beim Abschluss von den Versorgungsausgleich ersetzenden Kapital- oder Rentenversicherungen geht, wird häufig auch bei finanzstarken Ehepartnern von der Möglichkeit einer Einmalprämie an die Lebensversicherung Gebrauch gemacht.

Formulierungsbeispiel:

Der Ehemann verpflichtet sich, innerhalb eines Monats nach Rechtskraft der Scheidung bezüglich der vorstehend vereinbarten Kapitallebens-/Rentenversicherung eine zur Ausfinanzierung ausreichende Einmalprämie an die ... Lebensversicherungsgesellschaft zu zahlen.

i) Vertragliche Festlegung des Stichtags

Wie bereits ausgeführt, ist für die Berechnung des Versorgungsausgleichs nicht etwa der Trennungszeitpunkt, sondern die Rechtshängigkeit, also die Zustellung des Scheidungsantrages an den anderen Ehepartner bezogen auf das Ende des vorangegangenen Monats, maßgeblich. Es besteht jedoch auch die Möglichkeit, abweichend hiervon den Stichtag vertraglich festzulegen. Das bietet sich insbesondere dann an, wenn sich die Ehepartner zunächst nur trennen und keine Scheidung eingereicht wird.

BEISPIEL: Die Eheleute Hermann und Inge M. aus Dresden haben am 1. 7. 1992 geheiratet. In der letzten Zeit kriselte es häufiger in der Ehe, da Herr M. zahlreiche Affären mit anderen Frauen unterhielt. Frau M. müsste jedoch im Fall der Scheidung der Ehe einen Teil ihrer Rentenanwartschaften auf ihren Ehemann übertragen, da sie über ein wesentlich höheres Einkommen verfügt. Da aber auch Frau M. eine ehewidrige Beziehung zu einem anderen Mann unterhält, ist noch nicht klar, ob es tatsächlich zur Scheidung kommt. Die Eheleute beabsichtigen daher, sich zunächst nur zu trennen. Nun möchte Frau M. sicherstellen, dass für den Fall, dass ihr Ehemann nicht insgesamt auf den Versorgungsausgleich verzichtet, dieser wenigstens nur bis zum Zeitpunkt der Trennung durchzuführen ist.

In diesem Fall können die Eheleute vereinbaren, dass es bei der Durchführung des gesetzlichen Versorgungsausgleichs bleibt, jedoch als Stichtag der Zeitpunkt der Trennung festgeschrieben wird.

Formulierungsbeispiel:

Bezüglich des Versorgungsausgleichs bleibt es bei der gesetzlichen Regelung. Die Beteiligten sind sich jedoch darüber einig, dass nur die vom Beginn der Ehezeit bis zum Trennungszeitpunkt 1. 6. 2010 erworbenen Versorgungsanwartschaften auszugleichen sind. Soweit damit ein Verzicht verbunden ist, ist den Beteiligten bekannt, dass durch diese Vereinbarung der Zeitpunkt des Endes der Ehe nicht berührt wird.

Lässt sich der Ehemann auf den Vorschlag seiner Ehefrau jedoch nicht ein, bleibt Frau M. nur die Möglichkeit, schnellstmöglich die Scheidung einzureichen, um so den Stichtag herbeizuführen.

j) Folgen bei Nichtregelung

Eheleute, die sich trennen und einfach auseinandergehen, ohne eine Regelung zu treffen, müssen sich darüber im Klaren sein, dass oft auch erst Jahre später eine solche Nichtregelung fatale Folgen haben kann!

BEISPIEL: Die Eheleute Thomas und Ilona W. aus Kiel haben im Jahre 1970 die Ehe geschlossen. Aus der Ehe sind keine Kinder hervorgegangen. Im Jahre 1990 trennen sich die Eheleute einvernehmlich. Beide Eheleute haben neue Partner und gehen ihre eigenen Wege. Am 10. 1. 2010 reicht der Ehemann W. die Scheidung ein. Herr W. ist leitender Angestellter in einer großen Firma mit einem monatlichen Nettoeinkommen in Höhe 8.000 €. Die Ehefrau ist Krankenschwester mit einem erheblich niedrigeren Einkommen. Herr W. muss nunmehr erfahren,

> dass der Versorgungsausgleich auch die Zeit nach der Trennung beinhaltet, da der Stichtag für den Versorgungsausgleich das Ende des Monats ist, der dem Eintritt der Rechtshängigkeit des Scheidungsantrages vorausgeht.

Das bedeutet, dass Herr W. für den zwölfjährigen Trennungszeitraum ebenfalls Rentenanwartschaften an seine Ehefrau zu übertragen hat. Wäre anlässlich der Trennung eine Regelung über den Versorgungsausgleich erfolgt, käme es nicht zu dem für ihn nachteiligen Ergebnis.

III. Grundstücksauseinandersetzung

Nicht selten sind Eheleute gemeinsam Eigentümer von Immobilien. Dabei kann es sich um das gemeinsame Einfamilienhaus handeln, aber auch um Mietshäuser oder Eigentumswohnungen, die während der Ehezeit gemeinschaftlich angeschafft wurden. Diese Immobilien verbleiben auch nach durchgeführtem Zugewinnausgleich im jeweiligen Eigentum der Eheleute. Allerdings besteht in den meisten Fällen ein Interesse daran, das gemeinschaftliche Eigentum aufzuheben, da sich die Verwaltung gemeinsamer Immobilien nach Trennung und Scheidung in der Regel als ausgesprochen schwierig erweist. Hinzu kommt, dass in vielen Fällen die Immobilien nicht vollständig bezahlt sind, sodass ein regelmäßiger Schuldendienst einzuhalten ist, was die finanziellen Möglichkeiten getrennt lebender oder geschiedener Eheleute häufig übersteigt. Die Auseinandersetzung dieses Grundvermögens erfolgt völlig unabhängig vom Güterstand, in dem die Eheleute leben.

1. Übernahme der Immobilie durch einen Ehepartner

BEISPIEL: Peter und Nadine P. aus Essen beabsichtigen, sich nach zehnjähriger Ehe scheiden zu lassen. Während ihrer Ehe haben sie ein Einfamilienhaus gekauft, welches jeweils in ihrem hälftigen Eigentum steht. Da Nadine P. zu ihrem neuen Lebensgefährten nach München ziehen wird, während ihr Ehemann Peter P. das Einfamilienhaus weiter bewohnen möchte, kommen sie überein, dass Nadine P. ihren hälftigen Eigentumsanteil auf ihren Ehemann Peter überträgt.

Hierbei ist zunächst der Wert der Immobilie zu ermitteln. Der exakte Weg der **Wertermittlung** erfolgt über ein Sachverständigengutachten, das man bei den in den meisten Städten eingerichteten Gutachterausschüssen, aber auch bei freien Architekten in Auftrag geben kann. Um spätere Streitigkeiten zu vermeiden, empfiehlt es sich, bereits vorab zu vereinbaren, welcher Gutachter beauftragt werden soll. Darüber hinaus sollte sicherheitshalber auch festgelegt werden, dass das Gutachten dieses Gutachters von beiden Seiten akzeptiert wird.

Im vorliegenden Fall kommt der von den Eheleuten P. beauftragte Gutachterausschuss zu dem Ergebnis, dass das Einfamilienhaus einen Wert von 200.000 € hat, sodass Peter P. seiner Ehefrau als Gegenleistung für die Übertragung des hälftigen Hausanteils einen Betrag von 100.000 € zahlen muss.

Selbstverständlich gibt es auch **preisgünstigere Möglichkeiten**, den Wert einer Immobilie zu ermitteln. Dies geschieht häufig durch die Befragung eines Maklers oder auch der Nachbarschaft. Hier besteht allerdings ein gewisses Restrisiko, über das man sich im Klaren sein muss.

Formulierungsbeispiel:

Nadine P. überträgt hiermit ihren hälftigen Eigentumsanteil an der Immobilie Grundbuch von Essen, Amtsgericht Essen, Blatt . . . , auf den dieses annehmenden Ehemann Peter P.
Für den hälftigen Anteil des vorstehend näher bezeichneten Hausgrundstücks zahlt Peter P. an Nadine P. einen Betrag in Höhe von 100.000 €.

Bestehen für die Immobilie noch Verbindlichkeiten, muss dies entsprechend berücksichtigt werden.

> **BEISPIEL:** Wie im Ausgangsfall kommt der Gutachterausschuss zu dem Ergebnis, dass das gemeinsame Einfamilienhaus einen Wert von 200.000 € hat. Zum Zeitpunkt der Vermögensauseinandersetzung beträgt die auf dem Grundstück lastende Grundschuld noch 60.000 €. Peter P. verpflichtet sich, neben der Übernahme der dinglichen Belastung auch das dem Grundpfandrecht zugrunde liegende Darlehen zu übernehmen und zurückzuführen. Dies soll allerdings nicht zum Nulltarif geschehen, vielmehr soll sich Nadine P. in Höhe von 30.000 €, also zur Hälfte daran beteiligen.

Nadine P. bekommt also für die Übertragung ihrer hälftigen Immobilie nicht 100.000 €, sondern lediglich 70.000 €. Dabei muss Nadine P. darauf achten, dass entweder die darlehensgebende Bank sie vollständig aus der Haftung entlässt oder zumindest aber ihr Ehemann sie von allen Ansprüchen aus dem dem Grundpfandrecht zugrunde liegenden Darlehen freistellt.

Formulierungsbeispiel:

> Nadine P. überträgt den ihr gehörenden hälftigen Anteil des Hausgrundstückes Grundbuch von Essen, Amtsgericht Essen, Blatt . . ., auf ihren Ehemann Peter P. Als Gegenleistung zahlt Peter P. einen Betrag von 70.000 €. Er übernimmt darüber hinaus neben der dinglichen Belastung auch die schuldrechtliche Haftung für das dem Grundpfandrecht zugrunde liegende Darlehen. Er wird die finanzierende Bank ersuchen, Nadine P. aus der Haftung betreffend dieses Darlehens vollständig zu entlassen. Sollte dies nicht gelingen, stellt er Nadine P. im Innenverhältnis von sämtlichen Ansprüchen der Bank aus dem vorstehenden Darlehen vollumfänglich frei.

2. Veräußerung gemeinsamer Grundstücke an Dritte

Trennung und Ehescheidung führen häufig dazu, dass gemeinsam erworbene Immobilien, insbesondere auch das gemeinsame Einfamilienhaus, nicht gehalten werden können beziehungsweise dies auch gar nicht erwünscht ist. In den meisten Fällen vereinbaren trennungs- und scheidungswillige Eheleute die Veräußerung des Objektes mit der Maßgabe, dass der Erlös geteilt werden soll.

BEISPIEL: Sören und Wiebke S. aus Leer haben sich vor fünf Jahren ein ländliches Anwesen gekauft, weil ihre gemeinsamen Kinder naturverbunden aufwachsen sollten. Für Wiebke S. völlig unerwartet, will ihr Ehemann sich nunmehr scheiden lassen, da er seine Jugendfreundin wieder getroffen hat. Das gemeinsame Haus kann unter diesen Umständen finanziell nicht gehalten werden. Die Eheleute entscheiden sich daher für einen Verkauf an einen Dritten. Um die Kosten für ein Gutachten zu sparen, einigen sich die Eheleute auf einen Wert der Immobilie in Höhe von 500.000 €. Dieser Betrag entspricht dem damaligen Kaufpreis. Das Objekt ist noch mit 400.000 € belastet. Trotz intensiver Suche nach einem Käufer ist keiner bereit, den ursprünglichen Kaufpreis zu zahlen, sodass die Eheleute zu einem Preis von 480.000 € verkaufen. Jeder der Eheleute erhält als Erlös damit lediglich 40.000 €.

Eine entsprechende Formulierung könnte so aussehen:

Die Eheleute Wiebke und Sören S. verkaufen ihr Hausgrundstück Gemarkung . . . , AG Leer, Blatt . . . , an den dies annehmenden Käufer Ansgar K. Der Kaufpreis beträgt 480.000 €. Er ist fällig am 15. 12. 2003.
Der Notar wird angewiesen, vom Kaufpreis zunächst die in Abteilung III. lfd. Nr. 1, eingetragene Grundschuld in Höhe von 400.000 € abzulösen. Der Restkaufpreis ist sodann hälftig auf noch anzugebende Konten der Verkäufer zu überweisen.

3. Teilungsversteigerung

Können die Eheleute sich über die Verwertung der Immobilie nicht einigen, bleibt nur der Weg der Teilungsversteigerung, also die Aufhebung der Bruchteilsgemeinschaft mittels gerichtlicher Hilfe. Nach nahezu einhelliger Meinung in Literatur und Rechtsprechung kommt die Teilungsversteigerung, von Ausnahmen abgesehen, jedoch erst nach einer Scheidung in Betracht. Es handelt sich dabei um eine Verwertung der Immobilie nach den Vorschriften der Zwangsversteigerung. Wirtschaftlich ist diese Vorgehensweise in der Regel allerdings die schlechteste Lösung, es sei denn, der finanzkräftigere Ehepartner betreibt die Teilungsversteigerung, um das Objekt zu einem günstigen Preis selbst zu erwerben. Häufig führt die Teilungsversteigerung aber auch dazu, dass die Ehepartner während des über mehrere Monate laufenden Verfahrens doch noch zu einer Einigung finden und das Objekt gemeinsam verkaufen.

4. Grundstücksauseinandersetzung im Zusammenhang mit Zugewinnausgleich

Ist Grundbesitz vorhanden und leben die Eheleute im gesetzlichen Güterstand der Zugewinngemeinschaft, muss unbedingt darauf geachtet werden, dass Zugewinnausgleich und Grundstücksauseinandersetzung nicht isoliert vorgenommen werden. Dies gilt insbesondere für die Fälle, in denen die Grundstücksauseinandersetzung bereits zum Zeitpunkt der Trennung erfolgt und eine Scheidung möglicherweise erst Jahre später beabsichtigt ist. Dies hätte nämlich sonst zur Folge, dass der maßgebliche Stichtag für die Berechnung des Zugewinnausgleichs noch nicht feststeht und trotz hälftiger Aufteilung des Erlöses aus der Grundstücksauseinandersetzung der Ehepartner, der diesen Kaufpreisanteil bis zum Stichtag verbraucht oder vermindert hat, nachträglich noch weitere Zugewinnausgleichsansprüche geltend machen kann. Behandelt man Grundstücksauseinandersetzung und Zugewinnausgleich als Gesamtpaket, hat dies darüber hinaus den Vorteil, dass Kompromisslösungen leichter erreichbar sind, weil mehr „Manövriermasse" vorhanden ist.

> **BEISPIEL:** Renate und Helmut L. aus Münster leben im gesetzlichen Güterstand der Zugewinngemeinschaft. Sie sind zu je 1/2-Anteil Eigentümer eines Einfamilienhauses im Wert von 300.000 €. Der Ehemann verfügt darüber hinaus über Aktienvermögen im Wert von 50.000 € sowie einen dem Endvermögen zuzurechnenden Pkw Aston Martin im Wert von 90.000 €.

Einigt sich Renate L. mit ihrem Ehemann lediglich auf den Verkauf der Immobilie, mit der Maßgabe, dass jeder 150.000 € erhält, so ist der Zugewinn dabei nicht berücksichtigt. Nach den oben genannten Zahlen stünde Renate L. auch ein Zugewinnausgleichsanspruch in Höhe von 70.000 € zu, wobei davon ausgegangen wird, dass beide über kein Anfangsvermögen verfügt haben. Um bei der Regelung des Zugewinns mögliche Schwierigkeiten zu vermeiden, kann es daher sinnvoll sein, einer Veräußerung des gemeinsamen Hauses nur dann zuzustimmen, wenn zeitgleich auch eine Einigung über den Zugewinnausgleich getroffen wird. Im obigen Beispiel bedeutet das, dass Renate L. den Verkauf der Immobilie davon abhängig machen solle, dass ihr Ehemann Helmut L. sich im Gegenzug vertraglich verpflichtet, ihr einen Zugewinnausgleich in Höhe von 70.000 € zu zahlen.

IV. Übernahme von Verbindlichkeiten

Häufig geht es bei der Beendigung von Ehen nicht nur darum, wie Vermögen zu verteilen ist, sondern auch darum, wer die während der Ehe entstandenen Verbindlichkeiten trägt.

BEISPIEL: Hedda und Thomas M. aus Lübeck haben sich nach zehnjähriger Ehe auseinander gelebt. Trennung und Scheidung lassen sich relativ unproblematisch regeln. Schwieriger ist die wirtschaftliche Situation, da beide Eheleute über ihre Verhältnisse gelebt haben und mit rund 30.000 € verschuldet sind. Dabei geht es um ein gemeinsames Konto bei der X-Bank, welches mit 20.000 € im Minus steht, und ein weiteres separates Konto des Ehemannes bei der Y-Bank, welches einen Minussaldo von 10.000 € aufweist. Aufgrund einer Erkrankung kann Hedda M. keiner beruflichen Tätigkeit nachgehen, sodass sie auch nicht in der Lage ist, die Bankverbindlichkeiten zurückzuführen. Thomas M. hat kurze Zeit nach der Trennung einen gut bezahlten Posten als Prokurist bei einer mittelständischen Firma übernommen, mit einem monatlichen Nettoeinkommen von 3.000 €. Er ist grundsätzlich bereit, die gemeinsamen Schulden zurückzuführen, wenn dies unterhaltsmindernd berücksichtigt wird. Hedda M. wendet ein, dass dies bei dem gemeinsamen Konto selbstverständlich sei, dass sie jedoch nicht eine Unterhaltsreduzierung im Hinblick auf die privaten Schulden ihres Ehemannes in Kauf nehmen werde. Da Thomas M. den Betrag in Höhe von 10.000 € für seinen aufwändigen Motorradsport ausgegeben hat, ist er damit einverstanden, dass die Rückführung für diese Schulden nicht unterhaltsmindernd berücksichtigt wird.

Eine entsprechende Formulierung könnte wie folgt aussehen:

Der Ehemann verpflichtet sich, das gemeinsame Konto der Eheleute M. bei der X-Bank, Konto-Nr. . . . , mit Wirkung ab dem 1. 10. 2003 alleine zurückzuführen. Er stellt seine Ehefrau im Innenverhältnis von sämtlichen Ansprüchen der X-Bank frei. Unabhängig davon wird er sich bemühen, die X-Bank zu veranlassen, seine Ehefrau aus der Haftung zu entlassen. Die Eheleute M. sind sich darüber einig, dass die monatliche Tilgungsrate von 250 € unterhaltsmindernd berücksichtigt wird.

Die Eheleute sind sich ferner darüber einig, dass die Verbindlichkeiten des Ehemannes bei der Y-Bank in Höhe von 10.000 € bei der Berechnung des Unterhaltes unberücksichtigt bleiben.

V. Hausrat

Ein beliebtes Streitthema ist auch der Hausrat. Unter diesen Begriff fallen alle Gegenstände, die von den Parteien während des Zusammenlebens genutzt wurden, unabhängig davon, wer sie bezahlt hat: Möbel, Lampen, Teppiche, Dekoartikel, Wäsche, Handtücher, Bestecke, Geschirr, Haushaltsgeräte wie Waschmaschine, Trockner und vieles mehr. Die Frage, ob der Pkw zum Hausrat gehört, entscheidet sich danach, ob er als Familienauto von allen Familienangehörigen genutzt wurde oder ausschließlich vom Ehemann oder der Ehefrau. Handelt es sich um ein Familienauto, ist der Pkw dem Hausrat zuzuordnen, andernfalls fällt er mit in die Zugewinnausgleichsberechnung.

Da sich vor Eheschließung kaum beurteilen lässt, wie eine Ehe verläuft, kommt eine Regelung über den Hausrat vor Eheschließung nur selten in Betracht. Allerdings empfiehlt sich eine entsprechende Vereinbarung bereits vor Eheschließung dann, wenn einer der Ehepartner hoch verschuldet ist.

BEISPIEL: Karl und Ute S. aus Kiel beabsichtigen, die Ehe zu schließen. Die zukünftige Ehefrau hat mit ihrem Fitnessstudio Verbindlichkeiten von rund 50.000 € erwirtschaftet und musste Insolvenzantrag stellen.

> Der zukünftige Ehemann Karl S. ist schuldenfrei. Er verfügt über eine wertvolle Wohnungseinrichtung, bestehend aus Designermöbeln und Antiquitäten.

Bei der Zugewinngemeinschaft besteht gemäß § 1362 BGB die Vermutung, dass Gegenstände, die im Haushalt der Eheleute vorgefunden werden, zugunsten eines die Zwangsvollstreckung betreibenden Gläubigers im Eigentum des Schuldners stehen. Um jedoch zu verhindern, dass die Eigentumsvermutung des § 1362 BGB es den Gläubigern seiner Ehefrau ermöglicht, Zugriff auf seine wertvolle Wohnungseinrichtung zu erhalten, kann in einem Ehevertrag festgehalten werden, dass die komplette Wohnungseinrichtung im Alleineigentum des Ehemannes steht. Dabei ist es sinnvoll, eine Liste der betreffenden Einrichtungsgegenstände zu erstellen, die dann dem Ehevertrag beigefügt wird. Im Falle der Zwangsvollstreckung könnte der Ehemann im obigen Beispiel beweisen, dass die Wohnungseinrichtung in seinem Alleineigentum steht, mit der Folge, dass der Gerichtsvollzieher davon absehen wird, einzelne Hausratsgegenstände zu pfänden. Zwar besteht auch ohne vertragliche Regelung für den Ehemann die Möglichkeit, die Zwangsvollstreckung im Rahmen einer so genannten Drittwiderspruchsklage, § 771 ZPO, abzuwenden, doch ist dies mit Sicherheit der umständlichere Weg.

Formulierungsbeispiel:

> Die sich im Hause Frankfurter Straße 65 in Kiel befindliche Wohnungseinrichtung, bestehend aus den sich in der Anlage zu diesem Vertrag ergebenden Gegenständen, steht im Alleineigentum des Herrn Karl S.

Ebenfalls selten sind Vereinbarungen über den Hausrat während einer intakten Ehe. Allerdings sind sie in dieser Phase dann sinnvoll, wenn wie im vorstehenden Beispiel einer der Ehepartner in finanzielle Schwierigkeiten gerät. In diesem Fall kann auch wie oben vorgegangen werden (siehe Seite 56). Im Trennungs- und Scheidungsfall empfiehlt sich dagegen auf jeden Fall eine einvernehmliche Regelung im Rahmen einer Trennungs- und Ehescheidungsvereinbarung, schon allein um umfangreiche und unerfreuliche Streitigkeiten über den Hausrat zu vermeiden. Dabei besteht auch die Möglichkeit, vertraglich festzuhalten, welche Gegenstände der Ehepartner, der die Ehewohnung verlässt, bei seinem Auszug mitnimmt.

Formulierungsbeispiel:

Die Ehefrau erhält bei ihrem Auszug aus der Ehewohnung folgende Gegenstände zu Alleineigentum:
(1) Wohnzimmer bestehend aus antikem Eichenschrank, Rolf-Benz-Sitzgarnitur nebst Art-Deco-Glastisch
(2) Antike Engelfigur aus Thailand
(3) Antike Kirchenbank
(4) Großer goldener Spiegel
(5) Waschmaschine
(6) Kaffeeservice Hutschenreuther Streublümchen
(7) Antikes Silberbesteck

Häufig wird auch vereinbart, dass bis auf wenige persönliche Gegenstände der komplette Hausrat in das Alleineigentum des verbleibenden Ehepartners übergeht und im Gegenzug eine Ausgleichszahlung erfolgt.

Formulierungsbeispiel:

Wir sind uns darüber einig, dass dem Ehemann der komplette Hausrat mit Ausnahme der persönlichen Gegenstände der Ehefrau wie Fotos, Bücher, Schmuck und Kleidung zu Alleineigentum verbleibt. Als Ausgleichszahlung erhält die Ehefrau einen Betrag in Höhe von 15.000 €.

Sollten die Eheleute bei Vertragsabschluss bereits eine Einigung über den Hausrat erzielt haben, genügt es, wenn im Vertrag festgehalten wird, dass der Hausrat geteilt ist.

Formulierungsbeispiel:

Der Hausrat ist geteilt. Jeder erhält die Gegenstände zu Alleineigentum, die sich jetzt in seinem Besitz befinden.

Bei einer solchen Hausratsteilung sind Gegenstände, die die Eheleute bereits vor Eheschließung besaßen, nicht zu berücksichtigen. Diese bleiben im Alleineigentum des jeweiligen Ehepartners. Das Gleiche gilt auch für Ersatzbeschaffungen. Hat also zum Beispiel der

Ehemann bereits vor Eheschließung über einen Fernseher verfügt und ist im Laufe der Ehezeit ein neuer Fernseher angeschafft worden, so wird auch der neu angeschaffte Fernseher dem Ehepartner als Alleineigentum zugeordnet. Diese gesetzliche Regelung kann in einem Ehevertrag jedoch auch außer Kraft gesetzt werden. Ist dies der Fall, kommt es nicht mehr darauf an, wem der bei Eheschließung vorhandene Fernseher gehört hat.

3. Kapitel

Regelung zu Sorgerecht und Unterhalt

Unterhalt und – falls Kinder vorhanden sind – auch die Frage des Sorge- und Umgangsrechts sind häufig Anlass für Streitigkeiten. Daher empfiehlt es sich, diese Punkte ebenfalls in einem Ehevertrag zu regeln – schon im Interesse etwaiger Kinder.

I. Sorgerecht

Mit der Kindschaftsrechtsreform im Jahre 1998 ist die Regelung der elterlichen Sorge aus dem Zwangsverbund zum Ehescheidungsverfahren herausgenommen worden. Das Gericht entscheidet daher nur noch auf Antrag eines Elternteils über die elterliche Sorge. Grundsätzlich steht danach jedem Elternteil die elterliche Sorge gemeinsam mit dem anderen Elternteil im Hinblick auf die minderjährigen Kinder zu. Gleichwohl können die Parteien vereinbaren, dass für den Fall der Scheidung nur einem Elternteil die elterliche Sorge zustehen soll. Dies macht zum Beispiel dann Sinn, wenn sich ein Elternteil auf Dauer im Ausland aufhält und sich nicht um die Belange der Kinder kümmern kann oder will.

1. Alleinsorge

BEISPIEL: Der Ehemann Dr. Jussif I., türkischer Staatsangehöriger aus Bad Kreuznach, und seine Ehefrau Gabi B., deutsche Staatsangehörige, haben am 1. 5. 1990 in Deutschland geheiratet. Aus der Ehe sind die Zwillinge Ayse und Gülsen, geb. am 22. 4. 1995, hervorgegangen. Die Eheleute trennen sich einvernehmlich, da der Ehemann in sein Heimatland zurückgehen möchte, um dort als Arzt tätig zu sein. Er weiß, dass die Kinder bei seiner Ehefrau in den besten Händen sind, und verzichtet auf sein Sorgerecht.

Hier bietet sich folgende Formulierung an:

Wir sind uns darüber einig, dass die elterliche Sorge für die minderjährigen Kinder Ayse und Gülsen, geb. am 22. 4. 1995, der Ehefrau allein zustehen soll.

Vorsicht Falle:

Die vertragliche Regelung allein ist nicht ausreichend, die alleinige elterliche Sorge auf die Ehefrau zu übertragen. Eine Übertragung der elterlichen Sorge kann nur durch das zuständige Familiengericht vorgenommen werden. Allerdings hat eine solche Regelung häufig ein psychologisches Moment, sodass dann im anstehenden Ehescheidungsverfahren der Ehemann sich an seine Erklärung halten wird. Dies muss aber nicht sein. Vielmehr kann der Ehemann von seinem Willen auch wieder Abstand nehmen und im laufenden Scheidungsverfahren dem Antrag der Ehefrau auf Übertragung der alleinigen elterlichen Sorge entgegentreten. Trotzdem kann es durchaus sinnvoll sein, eine Vereinbarung zu treffen, und sei es nur, um die im Vorfeld eines anstehenden Scheidungsverfahrens getroffene Absprache zu fixieren.

2. Gemeinsame elterliche Sorge

BEISPIEL: Thomas und Jutta M. aus Dortmund lassen sich nach 15-jähriger Ehe scheiden. Aus ihrer Ehe sind der zwölfjährige Matthias und die siebenjährige Merle hervorgegangen. Beide Elternteile möchten auch nach einer Scheidung das gemeinsame Sorgerecht ausüben. Da Thomas M. jedoch berufsbedingt häufig unterwegs ist, sollen die Kinder im Haushalt der Mutter leben.

In diesem Fall bietet sich folgende Formulierung an:

§ 1

Wir, die Eheleute Thomas und Jutta M., sind uns darüber einig, dass unsere Kinder Matthias und Merle zukünftig im Haushalt ihrer Mutter leben sollen.

§ 2

Wir sind uns ferner darüber einig, dass wir die gemeinschaftliche elterliche Sorge bezüglich unserer Kinder ausüben wollen. Wir fühlen uns auch zukünftig in der Lage, alle wichtigen Entscheidungen hinsichtlich unserer Kinder gemeinsam treffen zu können. Bezüglich der Entwicklung und Erziehung unserer Kinder wollen wir uns regelmäßig austauschen und bei anstehenden Problemen unterstützen.

II. Umgangsrecht

Mit der Kindschaftsrechtsreform ist auch das Umgangsrecht neu geregelt worden. In § 1626 Abs. 3 BGB wird ausdrücklich klargestellt, dass zum Kindeswohl der Umgang mit beiden Elternteilen und auch anderen Personen, zu denen das Kind Bindungen besitzt, gehört. Feste Zeiten für das Umgangsrecht werden durch das Gesetz jedoch nicht vorgeschrieben. Es kommt hier auf die so genannte allgemeine Übung und in erster Linie auf das Wohl der Kinder an. Im Idealfall unterhalten beide Elternteile getrennte Haushalte nicht weit voneinander entfernt, wobei jeder Haushalt auch über Kinderzimmer verfügt. Diese Fälle sind jedoch leider äußerst selten, da die wenigsten Paare ihre persönlichen Belange regeln können, ohne die Kinder in die Auseinandersetzung mit einzubeziehen. Für viele Paare ist es daher hilfreich, eine verbindliche Regelung über das Umgangsrecht zu treffen:

Bei **Kleinkindern** im Säuglingsalter kommt allerdings nur eine stundenweise Umgangsregelung in Betracht, da solch kleine Kinder in erster Linie durch die Mutter betreut werden und in dieser auch die Bezugsperson sehen. Eine längere Trennung kann zu erheblichen Beeinträchtigungen des Kindes führen und manchmal sind die Väter auch nicht in der Lage, die Pflege des Säuglings ordnungsgemäß auszuüben. Hier empfiehlt es sich, mindestens einmal wöchentlich stundenweise ein Umgangsrecht zu vereinbaren. Bei **größeren Kindern**, die eventuell auch schon die Schule besuchen, ist ein 14-tägiges Umgangsrecht in der Zeit von freitagabends bis sonntagabends üblich. Meist wird noch ein zusätzlicher Wochentag vereinbart. Dies hängt jedoch ausschließlich vom Willen der Eltern und den Belangen der Kinder ab. Gerichtlich durchsetzbar ist lediglich ein 14-tägiges Umgangsrecht.

Aber auch die Umgangsregelung anlässlich der **Feiertage** wie Weihnachten, Ostern und Pfingsten geben oft Anlass zu Streitigkeiten. Hier sollten die Eltern in erster Linie ebenfalls das Wohl und den Wunsch der Kinder berücksichtigen. Üblicherweise steht dem Elternteil, bei dem die minderjährigen Kinder nicht leben, jeder zweite gesetzliche Feiertag zu. Selbstverständlich kann jedoch auch hier eine Regelung getroffen werden, wie beispielsweise, dass die Kinder in einem Jahr Weihnachten bei der Mutter und im nächsten Jahr beim Vater verbringen.

Darüber hinaus sind die Umgangskontakte während der **Schulferien** zu regeln. Dafür ist es erforderlich, dass die Eltern rechtzeitig bei ihrem Arbeitgeber den Urlaub anmelden und entsprechend mit ihrem Ehepartner absprechen. Grundsätzlich steht jedem Elternteil die Hälfte der Ferien zu. Allerdings ist auch hier immer wieder auf den Einzelfall abzustellen. Lebt zum Beispiel ein Elternteil im Ausland, so kann auch vereinbart werden, dass wegen der großen räumlichen Entfernung der Vater das Umgangsrecht während der Schulferien hat und das Kind sich während der normalen Schulzeit dafür ständig bei der Mutter aufhält. Entsprechend dem neuen Recht können auch Umgangsregelungen mit dritten Personen, wie Großeltern und Geschwistern der Eltern, vereinbart werden.

1. Konkrete Umgangsregelung

BEISPIEL: Die Eheleute Hans und Ingrid Z. aus Düsseldorf lassen sich scheiden. Aus ihrer Ehe sind die neunjährige Isabel und die achtjährige Sophie hervorgegangen. Zwischen den Eltern besteht Einigkeit darüber, dass auch nach einer Scheidung das Sorgerecht gemeinsam ausgeübt werden soll. Sie wollen eine faire und dem Wohl der Kinder entsprechende Umgangsregelung treffen.

Eine solche Regelung könnte wie folgt aussehen:

§ 1
Der Kindesvater hat das Recht, die Kinder Isabell und Sophie jedes zweite Wochenende im Monat von Freitagabend, 18:00 Uhr, bis Sonntagabend, 18:00 Uhr, zu sich zu nehmen. Zusätzlich steht ihm jeder zweite Mittwochnachmittag zur Ausübung des Umgangsrechts zur Verfügung.

§ 2
Dem Kindesvater steht das Umgangsrecht an jedem zweiten der gesetzlichen Feiertage zu.

§ 3
Sollten die Kinder krank sein, ist die Kindesmutter verpflichtet, unverzüglich anzuzeigen, dass das Umgangsrecht nicht ausgeübt werden kann. Als Ersatzwochenende wird das darauf folgende Wochenende vereinbart. Im umgekehrten Fall ist der Kindesvater verpflichtet, unverzüglich anzuzeigen, wenn er sein Umgangsrecht möglicherweise aus beruflichen Gründen nicht wahrnehmen kann.

§ 4
Der Kindesvater hat darüber hinaus das Recht, in den Schulferien Frühjahr, Sommer, Herbst und Winter jeweils die zweite Hälfte der Ferien mit den Kindern zu verbringen. Er garantiert eine ordnungsgemäße Abholung und Wiederbringung der Kinder. In Fällen von Krankheit oder Verhinderung werden sich die Eltern über eventuelle Ersatzzeiten einigen.

2. Allgemeine Umgangsregelung

> **BEISPIEL:** Arndt und Gabi K. aus Erfurt haben beschlossen, sich scheiden zu lassen. Beide haben neue Partner gefunden, mit denen sich auch die gemeinsamen Kinder Anna-Lena und Christian bestens verstehen. Sogar gemeinsame Urlaube mit den neuen Partnern und den Kindern sind harmonisch verlaufen. Im Rahmen einer Ehescheidungsfolgenvereinbarung, in der auch andere Dinge geregelt werden, die an dieser Stelle nicht dargestellt werden sollen, soll der guten Ordnung halber auch eine Regelung zum Umgangsrecht getroffen werden.

In derartigen Fällen, in denen auch nach einer Scheidung Kinder und geschiedene Ehepartner entspannt und locker miteinander umgehen, die Kinder oft auch nach eigenen Wünschen ihre Eltern aufsuchen und gegebenenfalls bei diesen übernachten, könnte an sich auf eine vertragliche Vereinbarung verzichtet werden. In der Regel wird jedoch, wenn ohnehin eine Ehescheidungsfolgenvereinbarung getroffen wird, der Vollständigkeit halber auch eine Regelung zum Umgangsrecht aufgenommen, die allerdings keine konkreten Absprachen erfordert:

> Dem Kindesvater steht ein großzügiges Umgangsrecht mit den gemeinsamen Kindern Anna-Lena und Christian zu. Umgangszeiten und Ferienregelungen werden einvernehmlich getroffen. Auf konkrete Absprachen wird mangels Bedürfnis verzichtet.

III. Unterhalt für minderjährige Kinder

Mit der Unterhaltsrechtsreform zum 1.1.2008 wurden die Rechte der minderjährigen Kinder weiter gestärkt. Der Kindesunterhalt hat nunmehr absoluten Vorrang vor allen anderen unterhaltsbedürftigen Personen (§ 1609 BGB). Ferner ist der Mindestkindesunterhalt nunmehr nach § 1612 a Abs. 1 BGB gesetzlich normiert.

1. Höhe des Unterhalts

Die Höhe des Kindesunterhaltes bestimmt sich nach dem Einkommen des Unterhaltsverpflichteten und nach dem Alter der Kinder. Die Höhe des Kindesunterhaltes kann problemlos der Düsseldorfer Tabelle entnommen werden.

Maßgebend für die Berechnung des durchschnittlichen monatlichen Nettoeinkommens sind sämtliche Einkommensarten des Einkommensteuergesetzes. Dies sind Einkünfte aus:

- freiberuflicher Tätigkeit,
- gewerblicher Tätigkeit,
- nicht selbstständiger Arbeit,
- Vermietung und Verpachtung,
- Kapitalvermögen,
- Rente sowie
- Arbeitslosengeld.

Der Unterhaltspflichtige ist verpflichtet, **Auskunft** über sein Einkommen zu erteilen, und zwar durch Vorlage geeigneter Unterlagen. Bei Gehaltsempfängern sind die letzten zwölf Gehaltsbescheinigungen und der letzte Steuerbescheid, bei Selbstständigen die letzten drei Bilanzen beziehungsweise Einnahme-Überschuss-Rechnungen und die dazugehörigen Steuerbescheide vorzulegen. Bei Einkommen aus Vermietung und Verpachtung sind die Anlage V der Steuererklärung und gegebenenfalls auch die dazugehörenden Verträge vorzulegen, bei Kapitalvermögen Konten und Depotauszüge und die Anlage K der Einkommensteuererklärung, bei Renten der Rentenbescheid und bei Einkünften aus Arbeitslosengeld der Arbeitslosengeldbescheid.

Da die Einzelheiten der Einkommensermittlung an dieser Stelle zu weit führen würden, verweise ich auf mein Buch „Scheidungsberater für Frauen" (Beck-Rechtsberater in dtv Band 50641).

Einen **Verzicht** auf Kindesunterhalt hat der Gesetzgeber nicht vorgesehen. So wäre eine Vereinbarung, in der die Kindesmutter beispielsweise mit dem Kindesvater vereinbart, dass auf Kindesunterhalt verzichtet wird, **unwirksam**. Beim Kindesunterhaltsanspruch handelt es sich nämlich um einen eigenen Anspruch des Kindes, zu dessen Lasten die Eltern nicht verzichten können. Denkbar ist allerdings eine Vereinbarung dahingehend, dass ein Ehepartner – obwohl unterhaltspflichtig – letztendlich keine Zahlungen erbringen muss.

BEISPIEL: Nach zehnjähriger Ehe entschließt sich Margarete B. aus Hamburg, ihren Ehemann Werner zu verlassen und ein neues Leben zu beginnen. Zu Beginn ihrer Ehe hat sie wegen zweier kurz aufeinander folgender Schwangerschaften ihr Studium abgebrochen und sich in der Folgezeit ausschließlich den Kindern und ihrem Ehemann gewidmet. Nunmehr möchte sie ihr Studium der Pharmazie wieder aufnehmen. Margarete B. erhält einen Studienplatz in München und ist daher – wenn überhaupt – nur am Wochenende in Hamburg. Alle Beteiligten sind sich darüber einig, dass die Kinder beim Kindesvater bleiben sollen, der sich bereit erklärt hat, auch finanziell allein für diese zu sorgen, da die Kindesmutter über kein eigenes Einkommen verfügt und lediglich Unterhalt von ihrem Ehemann erhält.

Hier bietet sich folgende Formulierung an:

Der Kindesvater stellt die Kindesmutter im Hinblick auf den zu zahlenden Minderjährigen-Kindesunterhalt zunächst für die Zeit des Studiums der Kindesmutter frei. Sollte diese nach Beendigung des Studiums eine Anstellung oder selbständige Tätigkeit finden, die zu einem durchschnittlichen monatlichen Nettoeinkommen von mehr als 2.000 € führt, ist die Kindesmutter verpflichtet, Kindesunterhalt nach den gesetzlichen Bestimmungen zu zahlen.

2. Kindergeld

Das Kindergeld ist nach der Unterhaltsrechtsreform zum 1. 1. 2008 zur Deckung des Barbedarfs des Kindes zu verwenden. Das Kindergeld wird daher nicht wie bisher mit dem Kindesunterhalt verrechnet, sondern deckt vielmehr beim minderjährigen Kind zur Hälfte den Barbedarf des Kindes und zur anderen Hälfte den Betreuungsbedarf. In einem Anhang zur Düsseldorfer Tabelle gibt es eine Tabelle der Zahlbeträge. Rein rechnerisch wird wie bisher das hälftige Kindergeld von dem Kindesunterhalt in Abzug gebracht (vgl. Düsseldorfer Tabelle und Tabelle Zahlbeträge S. 135 ff.). Kindergeldbezugsberechtigt ist der Elternteil, bei dem das minderjährige Kind lebt.

3. Zeitpunkt des Vertragsschlusses

Grundsätzlich ist es natürlich möglich, Regelungen über den Kindesunterhalt schon vor Eheschließung zu treffen. Es ist in der Tat auch vorgekommen, dass ein junger Mann vor Eheschließung von mir einen Ehevertrag ausgearbeitet haben wollte, in dem unter anderem festgelegt werden sollte, dass für den Fall, dass Kinder aus der Ehe hervorgehen, Kindesunterhalt pro Kind nicht höher als 300 € und Trennungs- beziehungsweise nachehelicher Unterhalt nicht höher als 1.000 € gezahlt wird. Jedoch hat die Ehefrau den Ehevertrag erwartungsgemäß nicht unterschrieben, denn wie eingangs bereits gesagt, sind solche Regelungen für Sachverhalte, die in ferner Zukunft liegen, nicht überschaubar und daher auch nicht zu regeln. Ist es vor der Eheschließung nur wenig sinnvoll, den Kindesunterhalt zu regeln, so hat sich in der Praxis gezeigt, dass die meisten Ehepaare, die ein paar Jahre verheiratet sind und auch bereits Kinder haben, überhaupt keinen Regelungsbedarf sehen, obwohl es durchaus sinnvoll sein kann, in dieser Phase der Ehe für den Fall der Trennung Regelungen über den Kindesunterhalt zu treffen.

Das ändert sich jedoch schlagartig, wenn feststeht, dass die **Trennung** beziehungsweise **Scheidung** erfolgen wird. Dann muss der Kindesunterhalt geregelt werden. Einigen sich die Parteien auf einen bestimmten Betrag, so kann dieser in die Vereinbarung aufgenommen werden. Es empfiehlt sich, auch eine Vereinbarung über den Kindesunterhalt in notarieller Form zu schließen, weil so vergleichsweise einfach ein sofort vollstreckbarer Titel geschaffen werden kann, falls die Unterhaltszahlungen unberechtigterweise eingestellt werden.

BEISPIEL: Die Eheleute Bernd und Rosemarie K. aus Hamburg haben sich getrennt. Aus ihrer Ehe sind die Kinder André, geb. am 1. 7. 1995, und Björn, geb. am 11. 9. 1999, hervorgegangen. Bernd K. erzielt ein durchschnittliches monatliches Nettoeinkommen in Höhe von 3.500 €. Die Ehefrau verfügt über eigenes Einkommen, sie bezieht das Kindergeld in Höhe von jeweils **182 €** pro Kind. Die Eheleute ermitteln den Kindesunterhalt nach der Düsseldorfer Tabelle und wünschen übereinstimmend eine notarielle Beurkundung.

Diese könnte wie folgt aussehen:

Kindesunterhalt für minderjährige Kinder

Der Kindesvater zahlt für die Kinder zu Händen der Ehefrau einen monatlichen Kindesunterhalt für das Kind André, geb. am 1. 7. 1995, in Höhe von monatlich **546 €** abzüglich hälftigem Kindergeld in Höhe von **92 €**, für das Kind Björn, geb. am 11. 9. 1999, in Höhe von **466 €** abzüglich hälftigem Kindergeld in Höhe von **92 €**. Bei der Unterhaltsberechnung gehen die Parteien von einem durchschnittlichen monatlichen Nettoeinkommen des Kindesvaters in Höhe von 3.500 € aus.

Der Kindesvater unterwirft sich hinsichtlich der monatlichen Zahlungsverpflichtung für die Kinder André und Björn in Höhe von **828 €** monatlich der sofortigen Zwangsvollstreckung aus dieser Urkunde in sein gesamtes Vermögen.

Der Notar wird ermächtigt, der Kindesmutter eine vollstreckbare Ausfertigung dieser Urkunde zu erteilen, ohne dass es des Nachweises der die Fälligkeit begründenden Tatsache bedarf.

In die notarielle Vereinbarung ist unbedingt mit aufzunehmen, auf welcher Berechnungsgrundlage der Kindesunterhalt festgesetzt wurde, damit in Zukunft **Abänderungen** möglich sind. Bei dem oben genannten Formulierungsbeispiel ist lediglich die momentane Unterhaltsverpflichtung festgeschrieben und tituliert. Unterhaltsansprüche unterliegen jedoch vielfältigen Veränderungen, sei es, dass das Einkommen steigt, die Kinder älter werden oder aber die Düsseldorfer Tabelle geändert wird. Aus diesem Grunde empfiehlt sich **folgende Ergänzung:**

> Im Falle einer Änderung der Düsseldorfer Tabelle, der Einkommensgruppe, der Altersstufen, die zu einer Erhöhung des Kindesunterhaltes führen, wird der zu zahlende Kindesunterhalt automatisch angepasst. Eine Mahnung ist nicht erforderlich.

Mit dieser Formulierung werden die **geänderten Unterhaltsbeträge** zwar nicht tituliert, aber anerkannt, sodass es einer Inverzugsetzung nicht mehr bedarf. Sollten also Erhöhungsansprüche versäumt worden sein, ist dies unschädlich. Es kann auch noch **rückwirkend** höherer Unterhalt geltend gemacht werden.

Der Kindesunterhalt kann auch als **Mindestunterhalt** beziehungsweise **Prozentsatz** des Mindestunterhaltes für alle drei Altersstufen verlangt werden. Der Unterhalt wird damit während der Minderjährigkeit des Kindes künftig bei jeder Anhebung des steuerlichen Existenzminimums dynamisiert und erhöht sich automatisch ab dem 1. des Monats, in dem die nächste Altersstufe erreicht wird. Durch diese Regelung wird eine Vielzahl sonst notwendiger Abänderungsverfahren vermieden, da die allgemeinen Gehaltssteigerungen des Unterhaltspflichtigen und der Sprung in die nächste Altersgruppe mit erfasst sind.

Im obigen Beispiel würde man wie folgt formulieren:

> Der Kindesvater zahlt für die Kinder zu Händen der Ehefrau einen monatlichen Kindesunterhalt für das Kind André, geb. am 1. 7. 1996, in Höhe von 128 % des Mindestbetrages der dritten Altersstufe und für das Kind Björn, geb. am 11. 9. 1999, 128 % des Mindestbetrages der zweiten Altersstufe.
> Bei der Unterhaltsberechnung gehen die Parteien von einem durchschnittlichen monatlichen Nettoeinkommen des Kindesvaters in Höhe von 3.500 € aus.

IV. Unterhalt für volljährige Kinder

Beide Eltern schulden für volljährige Kinder **Barunterhalt**, da der Gesetzgeber davon ausgeht, dass für volljährige Kinder ein Betreuungsbedarf nicht mehr besteht. Der Unterhalt bemisst sich ebenfalls nach der Düsseldorfer Tabelle. Dabei werden beide Netto-einkommen der Eheleute aufaddiert und anhand der Altersstufe 4 der Volljährigenunterhalt ermittelt. Dieser Unterhaltsbetrag ist entsprechend dem Verhältnis der Einkünfte aufzuteilen.

Auch beim Volljährigenunterhalt spielt das **Kindergeld** eine Rolle. Für volljährige Kinder in der Ausbildung wird regelmäßig bis zum **25.** Lebensjahr Kindergeld gezahlt, sodass der Unterhaltsbedarf schon zum Teil durch das Eigeneinkommen gedeckt ist. Auch das Kindergeld wird in voller Höhe auf den Bedarf angerechnet. Dies bedeutet, dass die Eltern nur noch für den Restbedarf haften.

Auch beim Unterhalt für volljährige Kinder kommen vertragliche Vereinbarungen vor Eheschließung oder während intakter Ehe in der Praxis kaum vor. Der Grund liegt darin, dass es keinen Sinn macht, Vereinbarungen zu treffen, die erst in ferner Zukunft Anwendung finden werden. Hinzu kommt, dass gerade beim Unterhalt regelmäßig auf die aktuellen Einkommensverhältnisse abzustellen ist, sodass Zukunftsprognosen ohnehin ausscheiden. Kommt es zur Trennung beziehungsweise Scheidung der Eheleute, ist eine Regelung des Volljährigenunterhalts allerdings erforderlich.

> **BEISPIEL:** Carsten T. aus Essen hat bis zu seinem Abitur bei seiner Mutter gelebt. Seine Eltern sind geschieden. Nunmehr erhält er einen Studienplatz für Medizin in Berlin und möchte gerne wissen, welchen Unterhalt er von seinen Eltern verlangen kann. Sein Vater verfügt über ein bereinigtes durchschnittliches monatliches Nettoeinkommen in Höhe von 2.600 €. Die Mutter erzielt ein durchschnittliches monatliches Nettoeinkommen in Höhe von ca. 1.600 € und bezieht das monatliche Kindergeld in Höhe von **182 €**.

Da Carsten T. volljährig ist und über eine eigene Wohnung verfügt, hat er Anspruch auf den Regelunterhalt nach der Düsseldorfer Tabelle in Höhe von 640 €. Das Kindergeld in Höhe von **182 €** wird voll auf den Unterhaltsbedarf angerechnet, sodass ein Unterhaltsbedarf in Höhe von lediglich **458 €** besteht. Wie oben bereits dargelegt, sind beide Elternteile barunterhaltspflichtig, wobei volljährigen Kindern gegenüber der notwendige Selbstbehalt auf 1.100 € erhöht ist. Nach Abzug dieses Selbstbehaltes verfügt seine Mutter noch über

500 € und sein Vater über 1.500 €. Diese beiden Summen sind zu addieren, um anschließend den prozentualen Unterhaltsanteil zu ermitteln:

500,00 € + 1.500,00 € =	2.000,00 €
500,00 € von 2.000,00 € =	25 %
1.500,00 € von 2.000,00 € =	75 %

Carsten T. kann daher von seiner Mutter 25 % von **458 €** = **114,50 €** und von seinem Vater 75 % von **458 €** = **343,50 €** verlangen.

Im Rahmen einer Ehescheidungsfolgenvereinbarung hätten also die Eltern von Carsten T. beispielsweise **folgende Vereinbarung** treffen können:

Der Kindesvater zahlt an den volljährigen Sohn Carsten einen monatlichen Unterhalt in Höhe von **343,50 €**. Die Kindesmutter zahlt für den Sohn Carsten einen monatlichen Unterhalt in Höhe von **114,50 €**.
Bei der Unterhaltsberechnung gehen die Vertragschließenden davon aus, dass der Kindesvater über ein monatliches Nettoeinkommen in Höhe von 2.600,00 € und die Mutter in Höhe von 1.600,00 € verfügt.

Selbstverständlich sind Eltern auch beim Volljährigenunterhalt berechtigt, über die vom Gesetzgeber vorgegebenen **Mindestbeträge** hinauszugehen oder eine andere **Quotelung** vorzunehmen. So kann zum Beispiel der mit dem deutlich höheren Einkommen ausgestattete Ehemann sich verpflichten, den Unterhalt des volljährigen Kindes allein sicherzustellen und die geschiedene Ehefrau von ihren Unterhaltsverpflichtungen gegenüber dem volljährigen Kind **freizustellen**. Der Anspruch des volljährigen Kindes der Mutter gegenüber bleibt hiervon allerdings unberührt. Die Mutter bleibt ihrem Sohn gegenüber weiterhin unterhaltsverpflichtet, hat nur ihrerseits gegen ihren geschiedenen Ehemann einen Anspruch auf Freistellung.

BEISPIEL: Der 50-jährige gut situierte Wirtschaftsprüfer Wilfried K. aus Düsseldorf und seine Ehefrau Lieselotte leben in Scheidung. Die gemeinsame 22-jährige Tochter Sabine studiert in Köln Rechtswissenschaft und verfügt dort über eine eigene Wohnung. Im Rahmen einer Eheschei-

> dungsfolgenvereinbarung wollen ihre Eltern eine Regelung bezüglich des Kindesunterhalts treffen, wobei sich der Kindesvater bereit erklärt hat, einen höheren als den gesetzlichen Unterhalt zu zahlen und die Mutter im Hinblick auf den Kindesunterhalt freizustellen.

Eine entsprechende Formulierung könnte hier wie folgt aussehen:

> Solange unsere Tochter Sabine in einer eigenen Wohnung wohnt und auswärts studiert, verpflichtet sich der Kindesvater, an die gemeinsame Tochter Sabine den gesamten Barunterhalt in Höhe von 1.000 € zu zahlen. Die Vertragschließenden stellen ausdrücklich klar, dass der Kindesvater die Kindesmutter von sämtlichen Unterhaltsansprüchen der Tochter im Innenverhältnis freistellt. Die Eltern gehen ferner davon aus, dass der Kindesvater das Kindergeld erhält. Sie sind ferner darüber einig, dass die Tochter Sabine aus der vorstehenden Regelung bezüglich des Kindesunterhaltes unmittelbar das Recht erwerben soll, den Unterhalt von ihrem Vater zu verlangen.

V. Trennungsunterhalt

Im Falle der Trennung hat derjenige Ehepartner Anspruch auf Trennungsunterhalt, der nicht in der Lage ist, für seinen eigenen Unterhalt zu sorgen. Die Unterhaltsansprüche für die Trennungszeit sind gesetzlich geregelt.

1. Elementarunterhalt

§ 1361 BGB besagt:

> Leben die Ehegatten getrennt, so kann ein Ehegatte von dem anderen den nach den Lebensverhältnissen und Erwerbs- und Vermögensverhältnissen der Ehegatten angemessenen Unterhalt verlangen; . . .

Maßgeblich dafür sind die **ehelichen Lebensverhältnisse**. Sind diese zum Beispiel dadurch geprägt worden, dass nur ein Ehepartner berufstätig war, so steht dem anderen zumindest während des Trennungsjahres ein voller Unterhaltsanspruch zu. Waren beide während der Ehezeit berufstätig, so steht demjenigen in dem Trennungsjahr ein Differenzunterhaltsanspruch zu, wenn die Ehe durch das hohe Einkommen des anderen Ehepartners geprägt war.

Eine Unterhaltsverpflichtung während des Trennungsjahres besteht aber in jedem Fall, da der andere Ehepartner sich auf die veränderte Situation einstellen und sich unter Umständen auch um eine **Arbeitsstelle** bemühen muss. Ob Letzteres tatsächlich verlangt werden kann, hängt wiederum davon ab, ob kleine Kinder vorhanden sind, die betreut werden müssen, oder ob Krankheit oder Alter eine Arbeitsaufnahme unmöglich machen.

> **BEISPIEL:** Petra und Harald B. aus Darmstadt haben sich nach fünfjähriger Ehe getrennt. Petra B. war vor ihrer Ehe als Dolmetscherin bei einem international tätigen Unternehmen beschäftigt. Sie hat diese Tätigkeit jedoch nach zweijähriger Ehezeit aufgegeben, um sich intensiver um das ihrem Ehemann gehörende große Anwesen zu kümmern. Die Eheleute B. wollen ohne großen Streit einvernehmlich auseinandergehen. Harald B. geht es insbesondere darum, langfristig seine Unterhaltsverpflichtung zu reduzieren und für seine Ehefrau einen Anreiz zu schaffen, schnellstmöglich in das Berufsleben zurückzukehren.

Bei einem befreundeten Rechtsanwalt lässt er sich einen Vertrag vorformulieren, den er seiner Ehefrau vorlegt.

> Für die Dauer des Getrenntlebens zahlt der Ehemann bis zur Rechtskraft der Scheidung an seine Ehefrau einen monatlichen Unterhalt im Voraus in Höhe von 2.500 €. Die Ehefrau verpflichtet sich, schnellstmöglich ihre berufliche Tätigkeit als Dolmetscherin wieder aufzunehmen. Ein hieraus erzieltes Einkommen soll bis zur Rechtskraft der Scheidung der Ehefrau anrechnungsfrei verbleiben.

Aber auch nach Ablauf des Trennungsjahres kann unter bestimmten Voraussetzungen ein Anspruch auf Trennungsunterhalt bestehen, nämlich dann, wenn der bedürftige Ehegatte nicht in der Lage ist, sich mit seinen Eigenmitteln angemessen zu versorgen, und der andere leistungsfähig ist.

Bei der **Betreuung** von kleinen **Kindern** ist die Erwerbsobliegenheit eingeschränkt. Ab welchem Alter des Kindes ein Elternteil verpflichtet ist, teil- oder voll erwerbstätig zu arbeiten, richtet sich nach den Belangen des Kindes. Dabei ist die Betreuungsmöglichkeit und Betreuungsbedürftigkeit der Kinder maßgebliches Kriterium.

Bis zum 31. 12. 2007 galt das Altersphasenmodell, wobei Müttern mit kleinen Kinder bis zum 10. Lebensjahr des jüngsten Kindes keine Erwerbsobliegenheit bestand. Nach dem **Unterhaltsrecht seit dem 1. 1. 2008** kann ein geschiedener Ehegatte mindestens für 3 Jahre nach der Geburt des Kindes wegen der Pflege oder Erziehung des Kindes Unterhalt verlangen. Dieser Unterhaltsanspruch verlängert sich aber, wenn dies der Billigkeit entspricht. Trennungsunterhalt ist daher in jedem Fall bis zum 3. Lebensjahr des jüngsten Kindes in voller Höhe zu zahlen.

Er richtet sich nach dem anrechenbaren Einkommen des Unterhaltspflichtigen, wobei jede Art von Einkommen als unterhaltsrelevant zu berücksichtigen ist. Zur Berechnung des Trennungsunterhalts zieht man davon den eventuell zu zahlenden Kindesunterhalt ab und erhält so das bereinigte Nettoeinkommen. Der Trennungsunterhalt beträgt hiervon 3/7. Ist der unterhaltspflichtige Ehepartner nicht mehr berufstätig, erhöht er sich sogar auf die Hälfte seines Nettoeinkommens.

BEISPIEL: Ulrich und Michaela L. aus Münster haben sich nach siebenjähriger Ehe getrennt. Die **zweijährige Tochter** Stefanie lebt bei der Kindesmutter. Ulrich L. verfügt über ein monatliches bereinigtes Nettoeinkommen in Höhe von 3.000 €. Michaela erzielt aufgrund ihrer stundenweisen Tätigkeit in einer Zahnarztpraxis ein durchschnittliches monatliches Nettoeinkommen in Höhe von 500 €.
Ausgehend von dem bereinigten Nettoeinkommen in Höhe von 3.000 €, hat Ulrich L. einen Kindesunterhalt für **das** Kind Stefanie nach der Düsseldorfer Tabelle, 5. Einkommensgruppe, in Höhe von **381 €** zu zahlen. Von diesem Betrag kann Ulrich L. das hälftige Kindergeld in Höhe von **92 €** in Abzug bringen, da die Kindesmutter das Kindergeld bezieht. Es verbleibt ihm so ein Nettoeinkommen in Höhe von **2.711 €.**
Um den Ehegattentrennungsunterhalt zu ermitteln, wird von diesem restlichen Einkommen das eigene Einkommen der Ehefrau in Abzug gebracht. Da Michaela L. jedoch neben ihrer beruflichen Tätigkeit **das Kind** zu betreuen hat, ist ein Betreuungsbonus in Höhe von mindestens

> 300 € von ihrem eigenen Einkommen in Abzug zu bringen, sodass in die Unterhaltsberechnung nur die restlichen 200 € einzustellen sind. Danach ergäbe sich ein Differenzunterhalt in Höhe von **1.076 €**.

Da Michaela und Ulrich L. im Zusammenhang mit ihrer Trennung und bevorstehenden Scheidung ohnehin eine Trennungs- und Ehescheidungsfolgenvereinbarung schließen wollen, soll in diese auch eine Regelung über den Trennungsunterhalt aufgenommen werden. Um seiner Frau entgegenzukommen, besteht Ulrich L. nicht auf einer exakten Unterhaltsberechnung, wie oben dargestellt, sondern ist damit einverstanden, dass die Einkünfte seiner Ehefrau bei der Unterhaltsberechnung gänzlich unberücksichtigt bleiben.

> **Eine entsprechende Formulierung könnte hier wie folgt aussehen:** Der Ehemann zahlt an die Ehefrau einen monatlichen Trennungsunterhalt bis zur Rechtskraft der Scheidung in Höhe von **1.162 €**, monatlich im Voraus bis spätestens zum 3. Werktag eines jeden Monats. Zwischen den Eheleuten besteht Einigkeit, dass die eigenen Einkünfte der Ehefrau bei der Unterhaltsberechnung nicht berücksichtigt werden, soweit diese 500 € nicht übersteigen.
> Auf Seiten des Ehemannes werden bereinigte Nettoeinkünfte in Höhe von 3.000,00 € berücksichtigt. Hiervon in Abzug zu bringen ist der Kindesunterhalt in Höhe von **289 €**.

Es ist ausgesprochen wichtig, bei Vereinbarungen über den Trennungsunterhalt die **Berechnungsgrundlage** mit aufzunehmen, also anzugeben, von welchem Einkommen der Eheleute bei der Berechnung ausgegangen wurde. Anderenfalls ist es sehr schwierig, zukünftig Abänderungen des Unterhaltes sowohl nach unten als auch nach oben vorzunehmen. Es sollte zudem darauf geachtet werden, dass eine Vollstreckungsunterwerfung in der notariellen Vereinbarung mit aufgenommen wird, da nur so ein Titel geschaffen wird und der Unterhaltsberechtigte nicht doch noch seinen Unterhaltsanspruch gerichtlich geltend machen muss.

2. Altersvorsorgeunterhalt

Neben dem sogenannten Elementarunterhalt, der der Finanzierung der elementaren Lebensbedürfnisse wie Nahrung, Kleidung und Miete dient, wird beim Trennungsunterhalt auch ein Altersvorsorgeunterhalt geschuldet, da der unterhaltsberechtigte Ehepartner nur bis zum Ende des Monats, der dem Eintritt der Rechtshängigkeit des Scheidungsantrages vorausgeht, an den Rentenanwartschaften des anderen Ehepartners beteiligt ist. Dabei muss der unterhaltsverpflichtete Ehepartner allerdings nicht die vollen Beträge für die Rentenversicherung übernehmen, sondern nur einen so genannten **Quotenbetrag**. Die Höhe des Altersvorsorgeunterhaltes richtet sich nach der **Bremer Tabelle**. Dabei ist zu berücksichtigen, dass der Altersvorsorgeunterhalt auch wirklich für die Altersvorsorge einzusetzen ist.

BEISPIEL: Lisa und Bernd H. aus München wollen sich scheiden lassen. Der Ehefrau ist der Scheidungsantrag im Januar 20**10** zugestellt worden. Bernd H. erzielt ein Nettoeinkommen in Höhe von 3.800,00 €. Lisa H. bezieht aus Krankheitsgründen keine eigenen Einkünfte. Unterhaltsmindernd ist noch eine Kreditrate für gemeinsame Schulden in Höhe von 300,00 € monatlich zu berücksichtigen.

Der Unterhalt berechnet sich damit wie folgt:

Nettoeinkommen Bernd H.	3.800,00 €
abzüglich Kreditrate	300,00 €
Summe	3.500,00 €
davon 3/7 Elementarunterhalt	1.500,00 €
zzgl. 30 % Steuer- und Sozialabgaben nach Bremer Tabelle (01. 1. 2010)	**450,00 €**
Bruttobetrag	**1.950,00 €**
davon 19,9 % (=Regelbeitragssatz für gesetzliche Rentenversicherung Stand 2010)	**388,00 €**

Dieser Beitragssatz entspricht dem Vorsorgeunterhalt. Er ist vom bereinigten Nettoeinkommen des Unterhaltpflichtigen abzuziehen; von dem Restbetrag ausgehend, kann jetzt der tatsächliche 3/7-Unterhalt ermittelt werden:

bereinigtes Nettoeinkommen des Ehemannes	3.500,00 €
abzüglich Vorsorgeunterhalt	**388,00 €**

verbleiben 3.112,00 €
davon 3/7 Elementarunterhalt 1.334,00 €
Bernd H. hat also Elementarunterhalt in Höhe von 1.334,00 € plus 388,00 € Vorsorgeunterhalt, insgesamt also 1.722,00 € an seine getrennt lebende Ehefrau Lisa zu zahlen.

Formulierungsbeispiel:

Der Ehemann zahlt an die Ehefrau bis zur Rechtskraft der Scheidung, monatlich im Voraus einen Elementartrennungsunterhalt in Höhe von **1.334,00 €** sowie Altersvorsorgeunterhalt in Höhe von **388,00 €**. Die Ehefrau verpflichtet sich, bei der . . .-Versicherung einen Vertrag über eine Kapitallebensversicherung mit Unfallzusatzversicherung mit Rentenwahlrecht abzuschließen und die Zahlungen des Ehemannes auf den Vorsorgeunterhalt in voller Höhe in diese Lebensversicherung einzuzahlen. Sie ist verpflichtet, das Bestehen der Versicherung und die Zahlung der Prämien jeweils zum 15. 12. eines jeden Jahres nachzuweisen.

3. Verzicht auf Trennungsunterhalt

Häufig wollen die Eheleute schon ab dem Zeitpunkt der Trennung keine Forderungen an den anderen stellen, obwohl möglicherweise einer von ihnen unterhaltsberechtigt ist. Sie wollen auf Trennungsunterhalt wechselseitig verzichten. Ein solcher Verzicht ist grundsätzlich gemäß § 1614 BGB **unwirksam**. Gleiches gilt für einen Teilverzicht auf Trennungsunterhalt, wenn auf mehr als 20 Prozent des Unterhalts verzichtet wird.

Anerkannt ist jedoch, dass Eheleute eine Vereinbarung dahingehend treffen können, dass sie Trennungsunterhalt nicht geltend machen. Eine derartige Erklärung ist jedoch nicht bindend und schützt den Unterhaltsschuldner nicht davor, dass der Unterhaltsgläubiger trotz einer solchen Erklärung später Trennungsunterhalt fordert. Es handelt sich lediglich um eine **Absichtserklärung**. Die Praxis zeigt jedoch, dass sich in den meisten Fällen die Eheleute an diese Vereinbarung halten.

Demgegenüber kann jedoch auf **rückständigen Trennungsunterhalt** sehr wohl wirksam verzichtet werden.

BEISPIEL: Helmut und Beatrice F. aus Rostock haben sich Anfang 2009 getrennt. Bevor sie die Scheidung einreichen, wollen sie eine Trennungs- und Ehescheidungsfolgenvereinbarung treffen. Dabei geht es unter anderem auch um Trennungsunterhalt. Die Eheleute verfügen beide über eigenes Einkommen aus nicht selbständiger Tätigkeit, wobei der Ehefrau grundsätzlich ein Trennungsunterhalt in Höhe von 100 € zustehen würde. Helmut F. müsste eigentlich vom Zeitpunkt der Trennung an rückständigen Unterhalt zahlen, da er wirksam in Verzug gesetzt wurde.

Da Helmut F. seiner Frau Beatrice im Rahmen des Zugewinnausgleichs entgegen gekommen ist, ist diese nun bereit, auf Trennungsunterhalt „zu verzichten".

Eine entsprechende Formulierung könnte dabei wie folgt aussehen:

Die Eheleute Helmut und Beatrice F. sind sich darüber einig, dass Trennungsunterhalt für die Zukunft nicht geltend gemacht wird. Soweit Helmut F. rückständigen Trennungsunterhalt schuldet, verzichtet seine Ehefrau Beatrice F. auf die Geltendmachung dieses Unterhalts. Helmut F. nimmt diesen Verzicht an.

VI. Nachehelicher Unterhalt

Nach einer Scheidung hat grundsätzlich jeder Ehepartner für seinen eigenen Unterhalt zu sorgen.

Gemäß § 1569 BGB gilt der Grundsatz der **Eigenverantwortung:** Nach der Scheidung obliegt es jedem Ehegatten, selbst für seinen Unterhalt zu sorgen. Ist er dazu außerstande, hat er gegen den anderen Ehegatten einen Anspruch auf Unterhalt nur nach den folgenden Vorschriften.

Es gibt folgende Unterhaltstatbestände:

Betreuungsunterhalt: Nach § 1570 BGB kann ein geschiedener Ehegatte von dem anderen wegen der Pflege oder Erziehung eines gemeinschaftlichen Kindes für mindestens drei Jahre nach der Geburt Unterhalt verlangen. Die Dauer des Unterhaltsanspruchs verlängert sich, solange und soweit dies der Billigkeit entspricht. Dabei sind die Belange des Kindes und die bestehenden Möglichkeiten der Kindesbetreuung zu berücksichtigen. Die Dauer des Unterhaltsanspruchs verlängert sich darüber hinaus, wenn dies unter der Berücksichtigung der Gestaltung von Kinderbetreuung und Erwerbstätigkeit in der Ehe sowie der Dauer der Ehe der Billigkeit entspricht.

Unterhalt wegen Alters: Nach § 1571 BGB steht demjenigen Ehepartner ein Anspruch auf Unterhalt zu, dem wegen seines vorgerückten Alters eine Erwerbstätigkeit nicht zugemutet werden kann. Es gibt keine festen Altersgrenzen. Es ist der jeweilige Einzelfall zu prüfen.

Unterhalt wegen Krankheit: Nach § 1572 BGB kann ein geschiedener Ehegatte Unterhalt von dem anderen Ehepartner verlangen, wenn er aus Krankheitsgründen nicht in der Lage ist, einer Erwerbstätigkeit nachzugehen. Kurzfristige Erkrankungen lösen jedoch keinen Unterhaltsanspruch aus. Über das Vorliegen einer Krankheit wird häufig gestritten, insbesondere wenn es um eine psychische Erkrankung geht. Streitige Verfahren sind ohne die Einholung von Sachverständigengutachten in der Regel nicht zu entscheiden.

Unterhalt wegen Erwerbslosigkeit: Nach § 1573 I BGB kann der geschiedene Ehegatte von dem anderen Unterhalt verlangen, wenn er keine angemessene Erwerbstätigkeit nach der Scheidung findet. Die Rechtsprechung verlangt hier eine ernsthafte, aber vergebliche Bemühung um einen Arbeitsplatz. Nach § 1574 BGB obliegt es dem Ehegatten, eine angemessene Erwerbstätigkeit auszuüben. Angemessen ist eine Erwerbstätigkeit, die der Ausbildung, den Fähigkeiten, einer früheren Erwerbstätigkeit, dem Leben, dem Lebensalter und dem Gesundheitszustand des geschiedenen Ehegatten entspricht, soweit eine solche Tätigkeit nicht nach den ehelichen Lebensverhältnissen unbillig wäre.

Aufstockungsunterhalt: Nach § 1573 II BGB kann ein Ehepartner von dem anderen Unterhalt verlangen, wenn die Einkünfte aus einer angemessenen Erwerbstätigkeit zum vollen Unterhalt nicht ausreichen. Da die Art und Weise der Berechnung den Rahmen dieses Buches sprengen würde, verweise ich auf mein Buch „Scheidungsberater für Frauen", erschienen bei Beck-Rechtsberater, ISBN 978-3-406-51574-7.

Ausbildungsunterhalt: Nach § 1575 BGB schuldet ein Ehepartner dem anderen Unterhalt, wenn dieser eine Aus- oder Fortbildung beziehungsweise Umschulung aufnimmt, um später für seinen eigenen Unterhalt sorgen zu können.

Unterhalt aus Billigkeitsgründen: Nach § 1576 BGB besteht unter engen Voraussetzungen auch dann ein Unterhaltsanspruch, wenn aus schwerwiegenden Gründen die Aufnahme einer Erwerbstätigkeit nicht erwartet werden kann und es grob unbillig wäre, keinen Unterhalt zu zahlen.

Entscheidend für den Anspruch auf nachehelichen Unterhalt ist, dass ab Rechtskraft der Scheidung eine so genannte **Unterhaltskette** besteht. Besteht zum Beispiel ein Unterhaltsanspruch wegen Kinderbetreuung, kann zu einem späteren Zeitpunkt Unterhalt wegen Krankheit oder Alter oder auch bei Teilzeitbeschäftigung Aufstockungsunterhalt verlangt werden.

Das seit dem 1.1.2008 gültige Unterhaltsrecht kann Unterhaltsansprüche auf einen angemessenen Lebensbedarf **herabsetzen** und **zeitlich begrenzen**. Dabei spielen Billigkeitsgründe eine Rolle (vgl. § 1578 b BGB). Von der Neuregelung sind alle Unterhaltstatbestände betroffen.

1. Krankenvorsorge

Ab Rechtskraft der Scheidung wird neben dem oben beschriebenen Elementarunterhalt auch Krankenvorsorgeunterhalt geschuldet, wenn der unterhaltsberechtigte Ehepartner nicht selbst krankenversichert ist. Dies ist beispielsweise dann der Fall, wenn nach einer Scheidung die Ehefrau zum Beispiel nicht berufstätig ist. Zwar ist sie bis zur Rechtskraft der Scheidung automatisch über die Krankenversicherung ihres Ehemannes krankenversichert, jedoch hört dieser Krankenversicherungsschutz bei Rechtskraft der Scheidung auf. Im Rahmen der Leistungsfähigkeit muss daher zusätzlich zum Elementarunterhalt auch Krankenvorsorgeunterhalt gezahlt werden.

> **BEISPIEL:** Pawel und Monika T. aus Mainz sind zehn Jahre verheiratet. Sie haben sich auseinandergelebt. Das Scheidungsverfahren wird durch den Ehemann eingeleitet. Pawel T. ist als Fernsehtechniker beim ZDF angestellt und erzielt ein durchschnittliches monatliches Nettoeinkommen in Höhe von rund 2.000 €. Aus Krankheitsgründen kann Monika T. einer beruflichen Tätigkeit nach der Scheidung nicht nachgehen.

Ab Rechtskraft der Scheidung muss Monika T. für ihre eigene Krankenversicherung Sorge tragen. Da sie keine eigenen Einkünfte erzielt, sind die Krankenversicherungsbeiträge von ihrem Unterhalt zu leisten. Da der Elementarunterhalt allerdings für Unterkunft und Verpflegung gedacht ist, besteht grundsätzlich auch ein Anspruch auf Krankenvorsorgeunterhalt, wenn der Unterhaltsschuldner leistungsfähig ist. Die Kosten für eine private Krankenversicherung belaufen sich auf 200 €. Pawel T. ist bereit, neben dem Elementarunterhalt auch den Krankenversicherungsbetrag für seine geschiedene Ehefrau zu übernehmen.

Formulierungsbeispiel:

> Der Ehemann zahlt neben dem Elementarunterhalt auch den Krankenversicherungsbetrag in Höhe von 200 € monatlich im Voraus an seine Ehefrau. Diese verpflichtet sich, bei der . . .-Versicherung eine Krankenversicherung abzuschließen und den monatlichen Beitrag in Höhe von 200 € pünktlich monatlich einzuzahlen. Sie verpflichtet sich weiter, hierüber ihrem Ehemann einmal im Jahr entsprechende Nachweise vorzulegen.

2. Unterhaltsbegrenzung und -verzicht

Neben einem Unterhaltsverzicht gibt es auch die Möglichkeit, den Unterhalt lediglich zu begrenzen, sowohl der Höhe nach als auch zeitlich.

a) Unterhaltsbegrenzung der Höhe nach

> **BEISPIEL:** Sabrina und Kai K. aus Bielefeld waren 20 Jahre verheiratet. Kai K. bezieht als erfolgreicher Unternehmer ein durchschnittliches monatliches Nettoeinkommen in Höhe von 15.000 €. Sabrina K. war

wegen der jetzt 17-jährigen Tochter und des jetzt 15-jährigen Sohnes während der Ehezeit nicht berufstätig. Seit zwei Jahren nimmt sie an einer Ausbildung zur Psychotherapeutin teil. Sabrina K. ist sicher, dass sie als selbständige Psychotherapeutin schnell für ihren eigenen Unterhalt sorgen kann. Nachdem Kai K. sich verpflichtet hat, den Kindesunterhalt auch ab Volljährigkeit alleine sicherzustellen, erklärt sich Sabrina K. mit einer Begrenzung ihres Unterhaltsanspruchs der Höhe nach einverstanden.

Eine entsprechende Formulierung könnte wie folgt aussehen:

Der Ehemann zahlt ab Rechtskraft der Scheidung an seine Ehefrau einen monatlichen nachehelichen Unterhalt in Höhe von derzeit 2.500 €. Dabei gehen die Eheleute von einem durchschnittlichen monatlichen Nettoeinkommen des Ehemannes in Höhe von 15.000 € aus. Zwischen den Eheleuten besteht Einigkeit, dass höherer Unterhalt als 2.500 € nicht geschuldet wird.

Eventuelle eigene Einkünfte der Ehefrau werden für die Dauer von fünf Jahren bei der Unterhaltsberechnung nicht berücksichtigt.

Doch Vorsicht:

In solchen Fällen besteht erhöhter Beratungsbedarf. Dies gilt vor allem für den Ehepartner, der auf Ansprüche verzichten soll, und insbesondere bei Ehen von langer Dauer. Aufgrund der prägenden ehelichen Lebensverhältnisse stünde der Ehefrau im vorangegangenen Beispielsfall möglicherweise ein höherer Unterhalt zu. Andererseits verpflichtet sich der Ehemann, den Unterhalt für die Kinder auch ab Volljährigkeit sicherzustellen, sodass eine gewisse Ausgewogenheit der Übereinkunft festzustellen ist. Allerdings muss Sabrina K. auch die Erfolgsaussichten ihrer selbstständigen Tätigkeit richtig einschätzen und das Risiko einer Krankheit mit in Betracht ziehen.

b) Zeitliche Begrenzung des Unterhalts

Häufig haben die unterhaltsverpflichteten Ehepartner auch ein Interesse daran, feste Regelungen zu treffen, die zeitlich überschaubar sind.

> **BEISPIEL:** Leni und Helmut P. aus Düsseldorf sind seit **12** Jahren miteinander verheiratet. Helmut P. erzielt als Steuerberater ein durchschnittliches monatliches Nettoeinkommen in Höhe von 5.000 €. Leni P. erzielt als Steuerfachangestellte lediglich monatlich 1.500 €.

Bei einer **zwölf**jährigen Ehe spricht man nicht mehr von einer Ehe von kurzer Dauer, so dass möglicherweise auch nacheheliche Unterhaltsansprüche bestehen. Zwar ist mit dem neuen Unterhaltsrecht der Grundsatz der Eigenverantwortung nach § 1569 BGB mehr in den Vordergrund gestellt worden, möglicherweise ergibt sich aber dennoch eine Verpflichtung zur Zahlung von nachehelichem Unterhalt für einen **gewissen** Zeitraum. Helmut P. ist daher an einer zeitlichen Befristung interessiert und bietet im Gegenzug für einen Zeitraum von drei Jahren einen höheren Unterhalt an, als er sich rein rechnerisch ergeben würde. Leni P. ist aufgrund ihrer Zukunftspläne daran interessiert, so schnell wie möglich einen monatlichen Unterhalt zu erzielen. Im Hinblick darauf, dass sich ein Unterhaltsrechtsstreit möglicherweise über mehrere Jahre hinziehen kann, und auch im Hinblick darauf, dass sich möglicherweise ohnehin kein längerer Unterhaltsanspruch als drei Jahre ergeben wird, ist sie mit der Begrenzung des Unterhaltes einverstanden.

Formulierungsbeispiel:

> Der Ehemann zahlt an seine Ehefrau einen monatlichen Unterhalt in Höhe von 2.500 € für den Zeitraum von drei Jahren, beginnend ab Rechtskraft der Scheidung, bis spätestens zum 3. Werktag eines jeden Monats.
> Nach Ablauf dieser Frist wird nachehelicher Unterhalt nicht mehr geschuldet.

3. Weitere Regelungsmöglichkeiten

Auch wenn keine Begrenzung der Höhe oder der Dauer nach vereinbart wird, gibt es verschiedene Möglichkeiten für beide Ehepartner, eine Lösung zu erarbeiten, die sicherstellt, dass für einen längeren Zeitraum der Unterhalt geregelt ist, ohne dass es bereits nach zwei Jahren einer Abänderung bedarf.

So kann zum Beispiel, wie oben bereits dargestellt, vereinbart werden, dass eigene **Einkünfte** der unterhaltsberechtigten Ehefrau **nicht angerechnet** werden. Dies bietet einen Anreiz für die unterhaltsberechtigte Ehefrau, sich in ihrem Berufsleben zu etablieren, so dass dann später eine Unterhaltszahlung überhaupt nicht mehr erforderlich ist.

Zudem kann vereinbart werden, dass ab einem bestimmten Zeitpunkt, möglicherweise ab Volljährigkeit des jüngsten Kindes, die Verpflichtung der unterhaltsberechtigten Ehefrau besteht, in ihren **alten Beruf** zurückzukehren oder an einer **Umschulung** teilzunehmen, so dass der unterhaltsverpflichtete Ehepartner in etwa einen Anhaltspunkt dafür hat, ab wann die Unterhaltszahlungen zumindest zu mindern sind.

Darüber hinaus besteht auch die Möglichkeit, die **Unterhaltsberechnung** dergestalt vorzunehmen, dass zum Beispiel Einkommen aus Kapitalvermögen bei der Unterhaltsberechnung nicht berücksichtigt wird. Eine solche Lösungsmöglichkeit ist jedoch nie isoliert zu betrachten, sondern kommt in erster Linie dann in Betracht, wenn eine entsprechende Gesamtregelung geplant ist.

Bei Unterhaltsvereinbarungen sollte auch darüber nachgedacht werden, die Unterhaltsverpflichtung bei **Tod** des **Unterhaltsschuldners** entfallen zu lassen. Eine solche vertragliche Regelung ist erforderlich, weil die Unterhaltsverpflichtung des geschiedenen Ehepartners nicht automatisch mit dessen Tod endet, sondern vielmehr dann die Erben – also Kinder oder eine neue Ehefrau oder Lebenspartnerin – zu Unterhaltszahlungen an die erste Ehefrau verpflichtet sind, sofern eine entsprechende Erbmasse vorhanden ist.

Formulierungsbeispiel:

> Der Ehemann zahlt an seine Ehefrau Unterhalt (Elementar- und Vorsorgeunterhalt) in Höhe von monatlich 1.400 €, beginnend mit dem der Rechtskraft der Scheidung folgenden Monat.
> Die Vertragschließenden sind sich darüber einig, dass der Unterhaltsanspruch mit dem Tode des Ehemannes erlischt.

Doch Vorsicht:

Einer solchen Regelung wird häufig nur aufgrund der irrigen Annahme, die Vereinbarung gäbe lediglich die gesetzliche Rechtslage wieder, zugestimmt. Auch hier besteht ein erhöhter Beratungsbedarf. Einer solchen Vereinbarung sollte nur dann zugestimmt werden, wenn feststeht, dass auch nach dem Tod des geschiedenen Ehepartners der Unterhalt des anderen sichergestellt ist.

Unterhaltsabfindung

Bei einer Unterhaltsabfindung erhält der unterhaltsberechtigte Ehepartner den Unterhalt in einer Summe, die er gewinnbringend anlegen kann, ohne dass es eines weiteren Nachweises der Unterhaltsbedürftigkeit bedarf. Auch eine solche Regelung kann im Rahmen einer entsprechenden Gesamtlösung für beide Partner durchaus von Vorteil sein:

BEISPIEL: Der Zahnarzt Konrad K. und seine Ehefrau Roswitha aus Schwerte haben sich auseinandergelebt und beabsichtigen, sich scheiden zu lassen. Neben den anderen Ehescheidungsfolgensachen ist auch der nacheheliche Unterhalt zu regeln. Roswitha K. betreibt seit einigen Jahren eine kleine Boutique und ist ganz erfolgreich. Sie möchte die Boutique umfangreich erweitern und benötigt für den Umbau dringend entsprechendes Kapital.

Konrad K. wäre bereit, seiner Ehefrau einen einmaligen Betrag von 150.000 € als Unterhaltsabfindung zur Verfügung zu stellen.

Doch gerade bei langjährigen Ehen, die häufig einen lebenslangen Unterhaltsanspruch begründet haben, ist es nicht ohne Risiko, sich auf eine solche Unterhaltsabfindung zu verständigen. Hier ist eingehende Beratung und **Risikoabwägung** erforderlich, da sonst die Situation eintreten kann, dass die Unterhaltsabfindung verbraucht ist und der Unterhaltsgläubiger in eine **Notlage** gerät, ohne noch einmal Unterhaltsansprüche geltend machen zu können.

BEISPIEL: Roswitha K. hat nicht nur ihren Rechtsanwalt und Steuerberater, sondern auch einen Unternehmensberater hinzugezogen. Alle drei sind zu der Überzeugung gekommen, dass nach einer Investition von 150.000 € in ihre Boutique diese eine sichere Basis für die Zukunft darstellt. Sie ist daher mit einer Unterhaltsabfindung einverstanden.

Die entsprechende Formulierung könnte so aussehen:

Zur Abfindung des nachehelichen Unterhalts zahlt der Ehemann an seine Ehefrau einen einmaligen Betrag in Höhe von 150.000 €. Mit Zahlung dieses Betrages sind die wechselseitigen Unterhaltsansprüche abgegolten. Rein vorsorglich verzichten die Eheleute auf weitergehenden nachehelichen Unterhalt und nehmen diesen Verzicht wechselseitig an.

4. Vertragsschluss vor der Heirat

Grundsätzlich herrscht im Hinblick auf den nachehelichen Unterhalt Vertragsfreiheit. Die Eheleute können für sich persönlich, wie bereits erwähnt, den Unterhalt der Höhe nach oder zeitlich begrenzen. Auch ein gänzlicher Ausschluss des nachehelichen Unterhaltes ist möglich. Es gibt die unterschiedlichsten Fallkonstellationen.

Auf Grund der neuen Gesetzeslage zum 1. 1. 2008 ist zu berücksichtigen, dass Unterhaltsvereinbarungen vor Rechtskraft der Scheidung **notariell beurkundet** werden müssen. Dies ergibt sich aus § 1585 c BGB.

Und natürlich kann auch schon **vor Eheschließung** in einem Vertrag der nacheheliche Unterhalt für den Fall der Scheidung geregelt werden. Ob eine solche Regelung jedoch sinnvoll ist, hängt sowohl vom Alter als auch von den persönlichen und wirtschaftlichen Verhältnissen der zukünftigen Eheleute ab:

a) Erst-Ehe junger Leute

BEISPIEL: Kerstin F. und Ralf T. aus Mannheim beabsichtigen zu heiraten. Beide sind 25 Jahre alt. Er erzielt als freier Versicherungskaufmann ein monatliches Nettoeinkommen in Höhe von 2.500 € und Kerstin F.

als Arzthelferin ein Nettoeinkommen in Höhe von 1.200 €. Sie haben sich noch keine Gedanken darüber gemacht, wie ihr weiteres Leben verlaufen soll, insbesondere ob Kinder geplant sind oder nicht.

Aufgrund der Einkommensdifferenz stünde Kerstin F. ein Anspruch auf nachehelichen Unterhalt für den Fall der Scheidung unter der Voraussetzung zu, dass die Einkommensverhältnisse so bleiben und auch alle weiteren oben genannten gesetzlichen Voraussetzungen vorliegen. Ein Verzicht auf nachehelichen Unterhalt stellt also einen erheblichen Nachteil für Kerstin F. dar, und es gibt für sie zu diesem Zeitpunkt eigentlich keinen Grund, einen Unterhaltsverzicht zu vereinbaren.

Gleichwohl gibt es auch Fälle, in denen der mögliche Unterhaltsschuldner eine solche Vereinbarung zur **Bedingung** für die **Eheschließung** macht. Sollte dies bei Kerstin F. und Ralf T. der Fall sein, wird sich Kerstin F. überlegen müssen, ob sie auf die Eheschließung verzichtet oder aber sich den Wünschen ihres zukünftigen Ehemannes fügt.

Nach neuer Rechtsprechung des Bundesverfassungsgerichtes unterliegen derartige Verträge einer so genannten **Inhaltskontrolle**. Sollten nach Abschluss der notariellen Vereinbarung Kinder aus **der** Ehe hervorgegangen sein, ist ein gänzlicher Unterhaltsverzicht unwirksam. Daher besteht die Möglichkeit, schon bei Abschluss der notariellen Vereinbarung eine entsprechende Klausel für den Fall, dass Kinder aus der Ehe hervorgehen, mit aufzunehmen.

Formulierungsbeispiel:

Wir beabsichtigen, die Ehe zu schließen.
Für den Fall der Scheidung unserer Ehe verzichten wir wechselseitig auf nachehelichen Unterhalt und nehmen diesen Verzicht wechselseitig an.
Dies gilt nicht, wenn aus unserer Ehe ein oder mehrere Kinder hervorgehen. In diesem Falle wird Unterhalt nach den gesetzlichen Voraussetzungen geschuldet.

Bei einer Kinderplanung sollten die jungen Eheschließenden sich einig sein, ob das Kind fremd betreut wird oder die Absicht besteht, dass ein Elternteil die Erwerbstätigkeit vollständig oder teilweise aufgibt.

Wie bereits ausgeführt (siehe Seite 78), besteht ein Anspruch auf nachehelichen Unterhalt wegen Betreuung eines Kindes bis zum 3. Lebensjahr des Kindes. Danach wäre der betreuende Elternteil verpflichtet, eine **Erwerbstätigkeit** nach Betreuungsmöglichkeit und Betreuungsbedürftigkeit des Kindes aufzunehmen.

Sollten die Eheschließenden eine eigene Betreuung auch nach dem 3. Lebensjahr anstreben, ist eine **Vereinbarung** zur Sicherung des **Betreuungsunterhaltes** ratsam.

Eine entsprechende Formulierung könnte wie folgt aussehen:

Wir beabsichtigen, die Ehe zu schließen.

Sollten aus unserer Ehe ein oder mehrere Kinder hervorgehen, besteht Einigkeit, dass für den Fall der Scheidung unserer Ehe eine Erwerbspflicht für den betreuenden Elternteil bis zum 8. Lebensjahr des jüngsten Kindes nicht besteht.

b) Eheschließung vermögender Partner im vorgerückten Alter

BEISPIEL: Der 56-jährige Steuerberater Ingo V. und die 40-jährige Anita F. aus Heiligenhaus beabsichtigen, die Ehe zu schließen. Beide Eheleute sind sehr vermögend und verfügen über ein ausreichendes Einkommen. Deshalb steht für die Eheleute fest, dass im Hinblick auf den Unterhalt für den Fall des Scheiterns der Ehe wechselseitig nicht eingetreten werden soll.

In diesem Fall ist eine Vereinbarung über den Ausschluss des nachehelichen Unterhaltes vor Eheschließung weitgehend unbedenklich, da beide Eheleute vermögend sind. Selbstverständlich bleibt ein gewisses Restrisiko bestehen, das jedoch eher als gering einzustufen ist.

Formulierungsbeispiel

Für den Fall der Scheidung unserer Ehe verzichten wir wechselseitig auf nachehelichen Unterhalt, auch für den Fall der Not, und nehmen diesen Verzicht wechselseitig an.

Dieser Verzicht gilt auch bei Änderung der Rechtsprechung oder einer Gesetzesänderung.

Wir wurden von dem amtierenden Notar darüber belehrt, dass der Verzicht auf nachehelichen Unterhalt im Invaliditäts- und Krankheitsfall sowie im Alter zu Notlagen führen kann. Die Erschienenen erklären:

> Jeder von uns verfügt über ausreichendes Einkommen und eine entsprechende Alterssicherung.

Aber auch während intakter Ehe besteht die Möglichkeit, eine Regelung über den nachehelichen Unterhalt zu treffen. In der Regel gibt es jedoch dazu keinen Anlass, so dass Vereinbarungen über den nachehelichen Unterhalt in dieser Zeit eher selten sind.

Viel häufiger ist dagegen der Fall einer Unterhaltsregelung bei Trennung und Scheidung im Rahmen einer Trennungs- und Ehescheidungsfolgenvereinbarung. Zu diesem Zeitpunkt steht fest, dass die Ehe gescheitert und zu regeln ist, wie der unterhaltsberechtigte Ehepartner abgesichert werden kann. Auch dabei spielen die unterschiedlichen Unterhaltstatbestände und Lebenssituationen eine Rolle.

5. Vertragsschluss bei Trennung und Scheidung

a) Betreuungsunterhalt

> **BEISPIEL:** Die Eheleute Hans-Werner und Christiane P. aus Goslar beabsichtigen, sich scheiden zu lassen. Aus ihrer Ehe sind die fünfjährige Tochter Jessica und der einjährige Sohn Kevin hervorgegangen. Die Ehefrau geht keiner beruflichen Tätigkeit nach. Der Ehemann verfügt nach Abzug des Kindesunterhalts über ein bereinigtes monatliches Nettoeinkommen in Höhe von 3.000 €. Davon steht der Ehefrau der $3/7$-Anspruch = 1.286 € zu.

Eine entsprechende Formulierung könnte hier wie folgt aussehen:

> Der Ehemann zahlt, beginnend ab dem Monat nach Rechtskraft der Scheidung, einen monatlichen nachehelichen Unterhalt bis spätestens zum 3. Werktag eines jeden Monats in Höhe von 1.286 € an seine geschiedene Ehefrau.
> Wegen dieses Betrags unterwirft er sich der sofortigen Zwangsvollstreckung aus dieser Urkunde in sein gesamtes Vermögen.
> Bei der Unterhaltsberechnung gehen die Parteien von einem bereinigten Nettoeinkommen des Ehemannes in Höhe von 3.000 € aus.

Sollten die Eheleute sich im Rahmen der Betreuung der gemeinsamen Kinder darüber einig sein, dass die Ehefrau auch nach dem 3. Lebensjahr des jüngsten Kindes keiner Erwerbstätigkeit nachgehen muss, empfiehlt es sich, dies in die Vereinbarung mit aufzunehmen. Dabei besteht selbstverständlich die Möglichkeit, die Pflicht zur beruflichen Tätigkeit zu modifizieren.

Eine Formulierung könnte wie folgt aussehen:

> Zwischen den Parteien besteht Einigkeit, dass die Ehefrau bis zum 5. Lebensjahr des jüngsten Kindes keiner Erwerbstätigkeit nachgehen muss. Bis zum 10. Lebensjahr des jüngsten Kindes ist ihr eine Halbtagstätigkeit zuzumuten, soweit eine Betreuung sichergestellt und dies den Belangen der gemeinsamen Kinder entspricht.

b) Unterhalt wegen Alters

BEISPIEL: Der 64-jährige Unternehmer Rudi W. und seine 58-jährige Ehefrau Uschi beabsichtigen, sich scheiden zu lassen. Uschi war während der Ehezeit „pro forma" bei ihrem Ehemann teilzeitbeschäftigt. Tatsächlich ist sie aber keiner beruflichen Tätigkeit nachgegangen. Rudi W. ist sich darüber im Klaren, dass er Unterhalt für seine Ehefrau auf Lebenszeit zahlen muss, da diese wegen ihres Alters nicht mehr in der Lage ist, einer beruflichen Tätigkeit nachzugehen, und auch nur geringe Rentenanwartschaften erworben hat.

Rudi W. erzielt ein durchschnittliches monatliches Nettoeinkommen in Höhe von 10.000 €. Schulden sind nicht vorhanden. Nach der $^3/_7$-Rechnung stünde Uschi W. daher ein monatlicher Unterhaltsbetrag in Höhe von 4.286 € zu. Bei gehobenen Einkommensverhältnissen ist der Unterhalt jedoch nicht nach der $^3/_7$-Methode zu berechnen, vielmehr bemisst sich der Ehegattenunterhalt nach dem konkreten ehelichen Bedarf.

Es ergibt sich, dass Uschi W. regelmäßig ein Betrag für ihren Unterhalt in Höhe von 3.000 € zur Verfügung stand. Die Eheleute einigen sich daraufhin auf diesen Unterhaltsbetrag bis zum Eintritt des Rentenalters der Ehefrau. Danach soll eine neue Unterhaltsberechnung erfolgen.

Formulierungsbeispiel:

> Der Ehemann zahlt an seine Ehefrau monatlich im Voraus, beginnend ab dem Monat nach Rechtskraft der Scheidung, einen nachehelichen Unterhalt in Höhe von 3.000 € bis spätestens zum 3. Werktag eines jeden Monats.
>
> Wegen dieses Betrags unterwirft sich der Ehemann der sofortigen Zwangsvollstreckung aus dieser Urkunde in sein gesamtes Vermögen.
>
> Die Eheleute sind sich darüber einig, dass der Betrag in Höhe von 3.000 € dem Bedarf der Ehefrau, der die Ehezeit geprägt hat, entspricht. Eine Abänderung dieses Unterhaltes ist gemäß § 323 ZPO nur dann möglich, wenn der Ehemann weniger als 8.000 € verdient.
>
> Eine Neuberechnung des Unterhaltes erfolgt im Übrigen, sobald die Ehefrau Rente bezieht, **§ 239 FamFG.**

c) Unterhalt wegen Krankheit:

> **BEISPIEL:** Gernot und Anke M. aus Hannover sind seit 25 Jahren verheiratet. Anke M. leidet seit eineinhalb Jahren unter einer schweren Depression und Angstzuständen, was auch zum Scheitern der Ehe führt. Aus der Ehe sind keine Kinder hervorgegangen. Auch zur Zeit ist sie arbeitsunfähig krank. Es ist nicht absehbar, ob und wann sich ihr Zustand ändert.
>
> Nachdem Anke M. ihrem Ehemann das Gutachten eines Facharztes für Psychiatrie vorgelegt hat, erklärt sich dieser zu einer Vereinbarung über nachehelichen Unterhalt bereit.

Formulierungsbeispiel:

> Der Ehemann zahlt, beginnend ab dem Monat nach Rechtskraft der Scheidung, an seine Ehefrau einen nachehelichen Unterhalt in Höhe von 1.000 €. Dabei gehen die Eheleute davon aus, dass die Ehefrau derzeit aufgrund ihrer psychischen Erkrankung nicht in der Lage ist, für ihren eigenen Unterhalt zu sorgen. Die Ehefrau verpflichtet sich, halbjährlich ihre Arbeitsunfähigkeit durch entsprechende ärztliche Atteste nachzuweisen.
>
> Bei der Berechnung des Ehegattenunterhaltes gehen die Eheleute von einem durchschnittlichen monatlichen Nettoeinkommen des Ehemannes in Höhe von . . . aus.

d) Unterhalt wegen Erwerbslosigkeit

BEISPIEL: Marlies und Hubert K. aus Krefeld sind seit 20 Jahren verheiratet. Marlies K. hat sich während der gesamten Ehezeit ausschließlich dem Haushalt und den Kindern gewidmet. Sie ist keiner beruflichen Tätigkeit nachgegangen. Über eine abgeschlossene Berufsausbildung verfügt sie nicht. Die Ehe ist gescheitert. Die Eheleute beabsichtigen, sich scheiden zu lassen. Marlies K. ist arbeitslos gemeldet und hat sich auf zahlreiche Inserate gemeldet. Sie hat darüber hinaus selber Stellengesuche in verschiedenen Zeitungen inseriert. Trotzdem ist es ihr im Laufe eines Jahres nicht gelungen, eine Arbeitsstelle zu finden. Hubert K. ist daher verpflichtet, nachehelichen Unterhalt zu zahlen. Um eine streitige Auseinandersetzung zu vermeiden, einigen sich die Eheleute auf einen Unterhaltsbetrag in Höhe von 800 €.

Formulierungsbeispiel:

Der Ehemann zahlt, beginnend ab dem Monat nach Rechtskraft der Scheidung, an die Ehefrau einen monatlichen Unterhalt in Höhe von 800 € bis spätestens zum 3. Werktag eines jeden Monats.

Die Unterhaltsverpflichtung besteht nur unter dem Gesichtspunkt, dass die Ehefrau nicht in der Lage ist, einen Arbeitsplatz zu finden und für ihren Unterhalt selbst zu sorgen. Sie ist verpflichtet, ihre Bemühungen, einen Arbeitsplatz zu erhalten, auch weiterhin intensiv fortzusetzen, und wird dies gegenüber ihrem Ehemann in halbjährlichen Abständen durch Vorlage entsprechender Unterlagen nachweisen.

e) Aufstockungsunterhalt

BEISPIEL: Rolf und Vanessa E. aus Siegburg beabsichtigen, sich nach 25-jähriger Ehe scheiden zu lassen. Rolf E. erzielt als selbständiger Friseurmeister ein durchschnittliches monatliches Nettoeinkommen in Höhe von 4.000 €. Vanessa E. arbeitet als Kassiererin in einem in Siegburg bekannten Lebensmittelgeschäft. Sie arbeitet dort schon seit 16 Jahren, geht allerdings nur einer Halbtagsbeschäftigung nach, bei der sie 1.100 € monatlich erzielt.

Rolf E. vertritt die Auffassung, dass seine Ehefrau nach der Scheidung einer Vollzeitbeschäftigung nachgehen muss und somit für ihren eigenen Unterhalt sorgen kann. Vanessa E. wendet ein, dass sie seit 16 Jahren über einen sicheren Arbeitsplatz verfügt, der einen erhöhten Kündigungsschutz beinhaltet. Im Unternehmen selbst steht ein Vollzeitarbeitsplatz nicht zur Verfügung. Bei einem Wechsel zu einem anderen Arbeitgeber müsste sie zunächst eine Probezeit absolvieren und hätte auch danach nicht die gleiche Sicherheit wie an ihrem derzeitigen Arbeitsplatz. Darüber hinaus erhält sie bei ihrem derzeitigen Arbeitgeber einen überdurchschnittlich hohen Stundensatz, der bei einem Arbeitsplatzwechsel entfallen würde, mit der Folge, dass sie auch bei einem Wechsel in eine Vollzeitstelle kein höheres Einkommen erzielen könnte als bei ihrer Tätigkeit. Die Eheleute E. verständigen sich daher darauf, dass Aufstockungsunterhalt zu zahlen ist, obwohl Vanessa E. nur einer Halbtagstätigkeit nachgeht.

Formulierungsbeispiel:

Der Ehemann zahlt, beginnend ab dem Monat nach Rechtskraft der Scheidung, einen nachehelichen Aufstockungsunterhalt in Höhe von 1.240 € bis spätestens zum 3. Werktag eines jeden Monats an die Ehefrau.

Zwischen den Eheleuten besteht Einigkeit, dass die Ehefrau berechtigt ist, bei ihrem bisherigen Arbeitgeber lediglich einer Halbtagsbeschäftigung nachzugehen. Im Falle eines Arbeitsplatzwechsels ist sie allerdings verpflichtet, vollschichtig zu arbeiten. Der Unterhalt wird dann nach den gesetzlichen Voraussetzungen geschuldet.

Bei der vorstehenden Unterhaltsberechnung gehen die Eheleute von einem bereinigten Nettoeinkommen des Ehemannes in Höhe von 4.000 € und der Ehefrau in Höhe von 1.100 € aus.

f) Unterhalt wegen Ausbildung

BEISPIEL: Die Eheleute Reiner und Karin A. aus Pommersfelden beabsichtigen, sich nach 15-jähriger Ehe scheiden zu lassen. Ihre Ehe wurde dadurch geprägt, dass Reiner A. als Oberarzt im Krankenhaus beschäftigt war und ein durchschnittliches monatliches Nettoeinkommen in Höhe von 6.000 € erzielte. Karin A. hingegen hat sich in erster Linie um die gesellschaftlichen Verpflichtungen und den Haushalt gekümmert. Kinder sind aus der Ehe nicht hervorgegangen. Die Ehe ist gescheitert, da sich Reiner A. einer anderen Frau zugewandt hat.

Bereits ein Jahr vor Trennung hat Karin A. eine Ausbildung als Heilpraktikerin begonnen, da dies ihren persönlichen Neigungen entspricht und sie auch für sich ein neues Betätigungsfeld gesucht hat. Sie verfügt allerdings auch über eine abgeschlossene Ausbildung als Krankenschwester. Die Ausbildung zur Heilpraktikerin wird erst im Jahre 2013 abgeschlossen sein, während die Ehe bereits im Jahre 2011 aller Voraussicht nach geschieden wird.

Reiner A. stellt sich zunächst auf den Standpunkt, seine Ehefrau könne ab Rechtskraft der Scheidung in ihrem erlernten Beruf als Krankenschwester tätig werden und so für ihren eigenen Unterhalt sorgen. Karin A. wendet ein, dass sie während der intakten Ehe mit Zustimmung ihres Ehemannes die Ausbildung zur Heilpraktikerin begonnen habe und diese auch beenden möchte. Nach einigen Diskussionen ist Reiner A. damit einverstanden, dass die Ausbildung abgeschlossen wird. Sie einigen sich allerdings darauf, dass er statt des grundsätzlich geschuldeten Betrages in Höhe von 2.570 € lediglich einen Betrag in Höhe von 2.000 € überweist. Karin A. ist mit dieser Regelung einverstanden.

Formulierungsbeispiel:

> Der Ehemann zahlt, beginnend ab dem Monat nach Rechtskraft der Scheidung, bis spätestens zum 3. Werktag eines jeden Monats einen monatlichen nachehelichen Unterhalt in Höhe von 2.000 € an seine Ehefrau.
>
> Dabei besteht zwischen den Eheleuten Einigkeit, dass die Ehefrau berechtigt ist, ihre Ausbildung als Heilpraktikerin, die voraussichtlich im Jahre 2013 endet, abzuschließen.
>
> Nach Abschluss der Ausbildung zur Heilpraktikerin schuldet der Ehemann Unterhalt nach den gesetzlichen Voraussetzungen.

VII. Wertsicherung bei Unterhaltsansprüchen

Im Hinblick auf die fortschreitende Geldentwertung ist es insbesondere bei langfristigen Unterhaltsvereinbarungen ratsam, eine Wertsicherungsklausel zu vereinbaren, um den Unterhalt der wirtschaftlichen Entwicklung anzupassen. Dies geschieht in der Regel durch

Anpassung nach einem zu vereinbarenden **Lebenshaltungskostenindex**.

Formulierungsbeispiel:

> Der Unterhaltsbetrag ist nach den heutigen Lebenshaltungskosten festgelegt. Er erhöht oder vermindert sich in dem Verhältnis, in dem sich der Preisindex des Statistischen Bundesamts für die Lebenshaltung aller privaten Haushalte (Basis **2005** = 100) erhöht oder vermindert.
>
> Voraussetzung für eine Veränderung ist allerdings, dass der Lebenshaltungskostenindex sich um mehr als 5 Punkte gegenüber Vertragsschluss beziehungsweise der letzten Anpassung verändert. Ist eine die Unterhaltsanpassung auslösende Änderung eingetreten, so ist der sich dann ergebende Betrag von dem auf die Indexänderung folgenden Monatsersten an zu zahlen.
>
> Eine gesonderte Aufforderung ist nicht erforderlich.

Wertsicherungsklauseln der vorstehenden Art sind nach Inkrafttreten des Euro-Einführungsgesetzes am 1. 1. 1999 nunmehr gemäß § 2 Abs. 1 Satz 1 des Preisangaben- und Preisklauselgesetzes **genehmigungspflichtig**. Es empfiehlt sich daher, vorsorglich in jedem Fall die Genehmigung oder das Negativattest nach § 7 Preisklauselverordnung bei der zuständigen Genehmigungsbehörde, dem Bundesamt für Wirtschaft – Indexierungskontrolle –, bei Vertragsabschluss einzuholen. Sollte dies einmal versäumt worden sein, ist das nicht schädlich, weil die Genehmigung auch nachträglich erteilt werden kann.

VIII. Begrenztes Realsplitting

Der unterhaltsverpflichtete Ehepartner kann die Unterhaltszahlungen bei getrennter Veranlagung als **Sonderausgaben** in seiner Steuererklärung angeben. Der entsprechende Höchstsatz beträgt zur Zeit 13.805 €. Der unterhaltsverpflichtete Ehepartner erhält so am Jahresende eine Steuererstattung. Es gibt jedoch auch die Möglichkeit, den Sonderausgabenbetrag als **Freibetrag** auf der Lohnsteuerkarte eintragen zu lassen, mit der Folge, dass über ein höheres monatliches Nettoeinkommen verfügt wird.

Der unterhaltsberechtigte Ehepartner hat die **Zustimmung** zum begrenzten Realsplitting durch Unterzeichnung der sogenannten Anlage U, die der Ehemann zusammen mit der Einkommensteuererklärung beim Finanzamt einreicht, zu erteilen. Der unterhaltsverpflichtete Ehepartner muss sich im Gegenzug verpflichten, die sich aus der Unterzeichnung der Anlage U ergebenden **steuerlichen Nachteile** zu übernehmen, denn hat der unterhaltsberechtigte Ehepartner keine eigenen Einkünfte, so wird der gezahlte nacheheliche Unterhalt einkommensteuerpflichtig, wenn er eine gewisse Höhe erreicht. Daneben ist aber auch die Einkommensteuer zu zahlen, die sich dadurch ergibt, dass das eigene Einkommen nun zusammen mit dem Unterhalt versteuert wird. Darüber hinaus können durch die Unterhaltszahlungen noch weitere Nachteile für den unterhaltsberechtigten Ehepartner entstehen, wie zum Beispiel Kürzungen des Wohngeldes und der Wohnungsbauprämie. Auch diese Belastungen hat gegebenenfalls der unterhaltsverpflichtete Ehepartner aufgrund des begrenzten Realsplittings zu übernehmen. In einer vertraglichen Vereinbarung sollte daher Folgendes festgehalten werden:

Formulierungsbeispiel:

Die Ehefrau stimmt der Durchführung des begrenzten Realsplittings gemäß § 10 Abs. 1 Nr. 1 EStG zu. Sie verpflichtet sich, alle dazu erforderlichen Erklärungen abzugeben und insbesondere die Anlage U zur Einkommensteuererklärung zu unterzeichnen.

Der Ehemann verpflichtet sich, der Ehefrau alle ihr durch diese Zustimmung entstehenden Nachteile zu ersetzen und eine etwaige entstehende Steuerlast zu erstatten. Dazu gehören auch Steuervorauszahlungen und die Inanspruchnahme eines Steuerberaters, soweit dessen Hinzuziehung erforderlich ist.

4. Kapitel

Sonstige Regelungen

Neben den beiden großen Blöcken Vermögen und Unterhalt/Sorgerecht gibt es aber auch noch weitere Punkte, die in einem Ehevertrag sinnvoll geregelt werden können und auch sollten.

I. Ehewohnung

In einem Ehevertrag kann auch geregelt werden, welcher Ehepartner nach Trennung oder Scheidung die Ehewohnung weiter nutzen kann:

1. Mietwohnung

Es sollte festgehalten werden, welcher Ehepartner bei Trennung oder Scheidung das Mietverhältnis fortsetzt. Hierbei ist allerdings zu beachten, dass der **Vermieter** mit dem Wechsel der Vertragsparteien einverstanden sein muss. Auch eine Regelung im Hinblick auf die gezahlte **Kaution** ist empfehlenswert, denn nicht selten kommt es bei Beendigung der Ehe auch hierüber zu Streitigkeiten.

Eine Regelung, wer für den Fall der Trennung die Mietwohnung weiter nutzt, das Mietverhältnis übernimmt und die hinterlegte Kaution erhält, ist auch schon vor Eheschließung möglich und durchaus sinnvoll. Allerdings sollte daran gedacht werden, dass im

Laufe der Zeit wesentliche Veränderungen in der Lebensplanung, wie zum Beispiel die Geburt eines oder mehrerer Kinder oder eine schwere Erkrankung, eintreten können, die eine Änderung der getroffenen Vereinbarung notwendig machen. Deshalb ist auch hier eine individuelle juristische Beratung dringend erforderlich.

Formulierungsbeispiel:

> Für den Fall unserer Trennung sind wir uns darüber einig, dass die Ehefrau unsere jetzige Mietwohnung, Düsseldorfer Straße 541 in Duisburg, alleine weiter nutzen kann. Der Ehemann verpflichtet sich seiner Ehefrau gegenüber, innerhalb von 2 Monaten nach endgültiger Trennung aus der Ehewohnung auszuziehen und ihr sämtliche Schlüssel zu übergeben.
>
> Wir verpflichten uns gegenüber dem Vermieter, sämtliche Erklärungen abzugeben, die erforderlich sind, damit das Mietverhältnis mit der Ehefrau als Mieterin fortgesetzt und der Ehemann aus jeder Haftung, das Mietverhältnis betreffend, entlassen wird. Die Ehefrau verpflichtet sich, auch die mietvertraglichen Pflichten betreffend die Wohnungsrenovierung zu übernehmen, und stellt ihren Ehemann gegenüber dem Vermieter im Innenverhältnis insoweit frei.
>
> Die Ehefrau übernimmt den Mietvertrag, vorbehaltlich der Zustimmung des Vermieters, alleine.
>
> Das vorgelegte Kautionsguthaben steht der Ehefrau zu.

Dieses Formulierungsbeispiel kann im Einzelfall auch zur Regelung während einer intakten Ehe herangezogen werden. In dieser Phase sind solche Vereinbarungen jedoch eher selten. Sehr wohl ratsam ist demgegenüber aber eine vernünftige Vereinbarung im Falle des Scheiterns der Ehe. Vor allem deshalb, weil ein Getrenntleben innerhalb der Wohnung für alle Beteiligten, insbesondere für Kinder, unerträglich ist.

Ist einer der Ehepartner zum Auszug bereit – in der Regel wird dies derjenige sein, bei dem die gemeinsamen Kinder in Zukunft nicht leben –, kann problemlos nach obigem Formulierungsbeispiel verfahren werden.

Häufig treten jedoch Fälle auf, in denen es aus finanziellen Gründen oder aufgrund der angespannten Lage des Wohnungsmarktes nicht zeitnah gelingt, eine räumliche Trennung herbeizuführen. In diesen Fällen ist es sinnvoll, eine Regelung bezüglich des **Getrenntlebens**

innerhalb der **ehelichen Wohnung** zu finden. Die Praxis zeigt, dass es ausgesprochen schwierig ist, solche Vereinbarungen zu treffen beziehungsweise sich daran zu halten, wenn man sie getroffen hat.

Formulierungsbeispiel:

Wir sind uns darüber einig, dass wir innerhalb der ehelichen Wohnung ab sofort getrennt leben.

Das Schlafzimmer wird ausschließlich von der Ehefrau benutzt, während das Gästezimmer dem Ehemann zur alleinigen Nutzung zusteht. Gemeinschaftsräume wie Wohnzimmer, Bad und Küche werden nach Absprache im Wechsel genutzt.

Im Kühlschrank in der Küche stehen der Ehefrau die beiden unteren Fächer, dem Ehemann die beiden oberen Fächer zu. Andere Vorräte der Ehefrau werden im rechten Teil des Vorratsschrankes in der Küche, die des Ehemannes im linken Teil aufbewahrt.

Jeder hat Besteck und Geschirr nach Gebrauch zu reinigen, wechselseitige Versorgungsleistungen finden nicht statt.

2. Ehewohnung in gemeinsamem Eigentum

Sind die Eheleute gemeinsam Eigentümer einer Immobilie, ist es ebenfalls sinnvoll, eine Regelung darüber zu treffen, wer die Immobilie nach Trennung oder Scheidung weiter nutzen darf. Auch hier gibt es keine allgemein verbindlichen Regelungen. Einige Eheleute wollen die Immobilie auch nach einer Scheidung auf jeden Fall im gemeinsamen Eigentum behalten, um sie später den Kindern vererben zu können, während andere auf einer Auseinandersetzung des gemeinschaftlichen Vermögens bestehen. Es kann aber daher vertraglich auch nur eine Nutzungsdauer für einen bestimmten Zeitraum zugunsten eines Ehepartners vereinbart werden.

BEISPIEL: Der Zahnarzt Hugo S. aus Konstanz beabsichtigt, sich von seiner Ehefrau Bärbel S. scheiden zu lassen. Beide leben in der im gemeinsamen Eigentum stehenden Villa, Schlossallee 1 in Konstanz.
Aus der Ehe sind zwei Kinder hervorgegangen. Die Ehefrau erhält eine großzügige Unterhaltszahlung für sich und die Kinder. Das Umfeld soll für die Familie nach dem Wunsch des Ehemannes auch weiterhin gesi-

chert sein, und sie vereinbaren daher in einem Ehevertrag, dass die Villa nach der Trennung alleine von der Ehefrau und den Kindern bis zur Volljährigkeit der Kinder genutzt wird. Bis zu diesem Zeitpunkt verzichten die Parteien auf eine Auseinandersetzung des gemeinsamen Vermögens und verpflichten sich, keine Teilungsversteigerung einzuleiten.
Nach Volljährigkeit des jüngsten Kindes soll die Immobilie bestmöglich verkauft werden.

Eine entsprechende Formulierung könnte so aussehen:

– Die Eheleute sind sich darüber einig, dass die im gemeinsamen Eigentum stehende Villa, Schlossallee 1 in Konstanz, von der Ehefrau und den beiden gemeinsamen Kindern bis zu deren Volljährigkeit alleine genutzt wird.
– Bis zu diesem Zeitpunkt verzichten die Parteien auf eine Auseinandersetzung des Vermögens, insbesondere auch auf einen Verkauf der vorstehend näher bezeichneten Villa. Unabhängig davon, ob zwischenzeitlich die Ehe geschieden wird, verzichten sie darauf, Antrag auf Teilungsversteigerung zu stellen, und nehmen diesen Verzicht wechselseitig an.

In diesem Zusammenhang muss darauf geachtet werden, dass der Verzicht auf die Auseinandersetzung der Bruchteilsgemeinschaft durch Teilungsversteigerung der notariellen Form des § 313 BGB bedarf. Jedoch ist auch folgende Variante denkbar:

BEISPIEL: Der Zahnarzt Hugo S. ist dringend auf Liquidität angewiesen. Er ist daher nicht damit einverstanden, dass die Villa von seiner Familie bis zur Volljährigkeit des jüngsten Kindes genutzt wird.

Die Eheleute vereinbaren daher, dass für die Dauer von zwei Jahren die Familie in der Villa leben kann. Danach soll die Immobilie zum höchstmöglichen Preis veräußert und der Verkaufserlös nach Abzug der Schulden aufgeteilt werden.

Formulierungsbeispiel:

Die Eheleute Hugo und Bärbel S. sind sich darüber einig, dass die Ehefrau und die beiden gemeinsamen Kinder die im gemeinsamen Eigentum stehende Villa, Schlossallee 1 in Konstanz, für die Dauer von zwei Jahren ab heute weiter nutzen können.

Die Eheleute verpflichten sich, diese Zeit dazu zu nutzen, für sich und die beiden Kinder eine andere Wohnung anzumieten beziehungsweise zu kaufen.

Beide Ehepartner sind sich darüber einig, dass spätestens nach zwei Jahren die gemeinsame Immobilie zum höchstmöglichen Preis veräußert und nach Abzug der Verbindlichkeiten der Erlös hälftig geteilt wird.

3. Ehewohnung im Alleineigentum eines Ehepartners

Ist ein Ehepartner Alleineigentümer der Immobilie, steht ihm nach der Scheidung auf jeden Fall auch das alleinige Recht zur Nutzung zu. Er kann notfalls sogar die Räumung des geschiedenen Ehepartners durchsetzen.

Gleichwohl empfiehlt es sich auch bei dieser Konstellation, eine Regelung über die Nutzung der im Alleineigentum eines Ehepartners stehenden Immobilie bis zum Zeitpunkt der Scheidung zu treffen.

Formulierungsbeispiel:

– Die Ehepartner sind sich darüber einig, dass bis zur Rechtskraft der Scheidung die Ehefrau und die gemeinsamen Kinder die im Alleineigentum des Ehemannes stehende Immobilie alleine nutzen dürfen.

– Der Ehemann verpflichtet sich, auch in dieser Zeit Tilgung und Zinsen betreffend die auf der Immobilie lastenden Verbindlichkeiten zu tragen.

– Die Ehefrau verpflichtet sich, die verbrauchsabhängigen Kosten in dieser Zeit zu tragen.

– Spätestens bei Rechtskraft der Scheidung verpflichtet sich die Ehefrau, zusammen mit den Kindern die Immobilie zu räumen und dem Ehemann zur alleinigen Nutzung zur Verfügung zu stellen.

II. Regelung zum Erbrecht

Häufig besteht bei Eheleuten das Bedürfnis, nicht nur Vereinbarungen zu Lebzeiten für ihre Ehe, sondern auch für den Fall des Todes zu treffen. Für Eheleute besteht dabei die Möglichkeit, neben einseitigen **Testamenten** und **Erbverträgen**, die übrigens auch nicht verheiratete Personen errichten beziehungsweise abschließen können, gemeinschaftliche Testamente zu errichten. Da einseitige Testamente jederzeit und ohne Unterrichtung des Ehepartners aufgehoben oder abgeändert werden können, machen Eheleute jedoch meist von der Möglichkeit des gemeinschaftlichen Testamentes beziehungsweise vom Abschluss eines Erbvertrages Gebrauch.

Erbvertragliche Regelungen sollten aber wegen der vielfältigen Gestaltungsmöglichkeiten und insbesondere auch wegen der damit verbundenen erbschaftsteuerrechtlichen Risiken nicht ohne anwaltliche oder notarielle Hilfe abgeschlossen werden. Der erbschaftsteuerrechtlichen Seite kommt dabei meist eine entscheidende Bedeutung zu, da viele von Laien selbst verfasste Testamente gravierende Fehler aufweisen, die im Nachhinein nicht mehr zu korrigieren sind. Erbverträge können dagegen ohnehin nur in notarieller Form geschlossen werden, wobei die Vertragspartner persönlich anwesend sein müssen und sich nicht vertreten lassen können.

1. Nachlassregelung

Wenn man über letztwillige Verfügungen nachdenkt, muss man sich zunächst immer darüber im Klaren sein, was ohne eine entsprechende Regelung im Erbfall kraft Gesetzes geschieht. Dabei ist der **Güterstand** von entscheidender Bedeutung, wobei an dieser Stelle auch lediglich die Güterstände Zugewinngemeinschaft und Gütertrennung in die Überlegungen mit einbezogen werden:

Wie bereits ausgeführt (siehe Seite 15), vermindert sich die Erbquote bei Ehepaaren, die für ihre Ehe den Güterstand der **Gütertrennung** gewählt haben, deutlich, sodass sie beispielsweise für den Fall, dass sie den anderen Partner zum Alleinerben machen wollen, eine testamentarische oder erbvertragliche Regelung finden müssen. Aber auch in Fällen der **Zugewinngemeinschaft** wird der Ehepartner nicht Alleinerbe, sondern muss sich je nach Konstellation die Erbschaft mit Kindern, möglicherweise aber auch mit den Eltern des Erblassers teilen.

Ein **gemeinschaftliches Testament** empfiehlt sich daher immer dann, wenn Ehepartner hinsichtlich der Erbfolge von der gesetzlichen Regelung abweichen wollen. Soll eine noch stärkere Bindung erfolgen, empfiehlt sich ein Erbvertrag. Eine Kombination von Ehe- und Erbvertrag findet man, von dem seltenen Fall der Gütergemeinschaft einmal abgesehen, nur bei der Gütertrennung.

> **BEISPIEL:** Helma und Gerd P. aus Kiel, beide 35 Jahre alt, sind seit zehn Jahren verheiratet. Aus ihrer Ehe sind die gemeinsamen Kinder Johanna und Tobias hervorgegangen. Gerd P. erwirbt einen Geschäftsanteil an einer erfolgreichen Computerfirma, die in Form einer GmbH organisiert ist. Durch den Gesellschaftsvertrag ist er verpflichtet, mit seiner Ehefrau Gütertrennung zu vereinbaren. Die Eheleute Helma und Gerd P. wollen im Zusammenhang mit dieser güterrechtlichen Vereinbarung eine dazu passende Nachlassregelung treffen. Nachdem sie darüber informiert worden sind, dass nach Änderung des Güterstandes der überlebende Ehegatte nur 1/3 des Nachlasses erhält, während die beiden Kinder ebenfalls je 1/3 erben, entscheiden sie sich für einen Erbvertrag.

Es bieten sich **verschiedene Möglichkeiten** einer Nachlassregelung an: So können sich die Eheleute zunächst wechselseitig als Alleinerben einsetzen, während die Kinder erst nach dem Tode des überlebenden Ehegatten zu Erben berufen werden. In diesem Zusammenhang sollte zudem darüber nachgedacht werden, ob es nicht sinnvoll ist, dass auch der überlebende Ehepartner bereits jetzt über seinen eigenen Nachlass verfügt, mit der Folge, dass er nach dem Tode des Erstversterbenden über sein Vermögen letztwillig nicht mehr anderweitig verfügen kann. Natürlich besteht aber auch die Möglichkeit, zu vereinbaren, dass der überlebende Ehepartner nach dem Tod des Erstversterbenden völlig frei über sein beziehungsweise über das gesamte Vermögen verfügen kann. Welche Regelung im Einzelfall sinnvoll ist, hängt in erster Linie von dem Vertrauen ab, dass die Eheleute zueinander haben, und zum anderen auch vom Sicherungsbedürfnis, welches der eine oder andere Ehepartner im Hinblick auf gemeinsame Kinder hat.

Ebenfalls denkbar ist, dass die Eheleute Helma und Gerd P. sich gegenseitig nur zu Vorerben einsetzen. So kann ebenfalls erreicht werden, dass sie beim Tode des Erstversterbenden zunächst alleine und die Kinder erst beim Tode des letztversterbenden Ehepartners erben.

Der Vorerbe ist jedoch im Gegensatz zum Vollerben gewissen Verfügungsbeschränkungen unterworfen, die vertraglich geregelt werden können. Allerdings besteht die Möglichkeit, den Vorerben von den gesetzlichen Beschränkungen hinsichtlich seiner Verfügungsbefugnis weitgehend zu befreien. Nichtsdestotrotz kann er mit dem Nachlass letztlich nicht machen, was er will.

Beide Regelungen haben erbschaftsteuerrechtlich allerdings den **Nachteil**, dass zwei Erbfälle stattfinden. Besonders bei großem Vermögen macht sich dies wegen der erhöhten Steuerlast nachteilig bemerkbar.

In vielen Erbverträgen von Ehepaaren findet sich sowohl bei Vollerbschaft als auch bei Vorerbschaft häufig auch eine sogenannte Wiederverheiratungsklausel. Dabei vereinbaren die Ehepartner, dass der Erb- beziehungsweise Nacherbfall nicht erst beim Tode, sondern bereits bei einer **Wiederverheiratung** des Überlebenden eintreten soll. Diese Regelung hat sich allerdings als stumpfes Schwert erwiesen, da in solchen Fällen der überlebende Ehepartner auf eine Neuverheiratung meist verzichten wird.

Insbesondere bei großem Vermögen bietet sich daher auch die Möglichkeit, das Erbe sofort auf die Kinder zu übertragen und sich selbst und dem überlebenden Ehegatten **Nutzungsrechte** wie Nießbrauch oder ein dingliches Wohnrecht einzuräumen beziehungsweise mit den Kindern, die Soforterbe werden, dauernde Lasten wie beispielsweise Renten zu vereinbaren.

Formulierungsbeispiel:

Ausgangsfall
Wir setzen uns wechselseitig zu Vollerben ein. Nach dem Tode des Überlebenden erben unsere Kinder zu je 1/2-Anteil.

Abwandlung
Wir setzen uns gegenseitig zu Vollerben ein. Nach dem Tode des Überlebenden erben unsere Kinder zu je 1/2-Anteil. Der Überlebende von uns ist jedoch berechtigt, über sein eigenes Vermögen nach dem Tode des Erstversterbenden frei zu verfügen.

Abwandlung
Wir setzen uns wechselseitig zu Vollerben ein. Nach dem Tode des Überlebenden erben unsere Kinder zu je 1/2-Anteil. Der Überlebende von uns ist allerdings

berechtigt, nach dem Tode des Erstversterbenden über unser gesamtes Vermögen frei zu verfügen.

Abwandlung

Wir setzen uns wechselseitig zu Vorerben ein. Der Vorerbe soll von allen gesetzlichen Beschränkungen befreit sein, soweit dies möglich ist. Nacherben werden unsere Kinder zu je 1/2-Anteil.

Abwandlung

Wir berufen unsere Kinder zu unseren alleinigen Erben, zu gleichen Teilen.

Wir behalten uns an unseren Immobilien den Nießbrauch vor. Unsere Kinder werden mit folgendem Vermächtnis beschwert: Aus den Erträgen der Computerfirma C GmbH ist an den Überlebenden von uns eine lebenslange Rente von 2.000 € monatlich zu zahlen. Verändert sich der Lebenshaltungskostenindex für die Lebenshaltung aller privaten Haushalte in Deutschland auf der Basis **2005** = 100 um 10 Punkte nach unten oder oben, so verändert sich die Rente im gleichen prozentualen Verhältnis nach unten oder oben.

Solche erbvertraglichen Regelungen, die dazu führen sollen, dass Kinder beim Tode des Erstversterbenden noch nicht zu Erben berufen werden sollen, können unter verschiedenen Gesichtspunkten sinnvoll sein. Sind die Kinder noch sehr klein, ist nicht auszuschließen, dass sie beim Tod eines ihrer Eltern noch minderjährig sind. Dies führt für den überlebenden Ehepartner in der Regel zu nicht unerheblichen Problemen, weil er, obwohl er ja ansonsten alleiniger gesetzlicher Vertreter seiner Kinder ist, diese nicht gesetzlich vertreten kann, soweit es um den Nachlass geht. Der überlebende Ehegatte hat also das Problem, sich mit Pflegern und dem Vormundschaftsgericht auseinandersetzen zu müssen, wenn Belastungen oder Verfügungen das Erbe der Kinder betreffend anstehen.

Auch bei älteren Kindern kann es nachteilig sein, wenn diese bereits mit 18 Jahren über größere Vermögenswerte verfügen können, ohne dass der überlebende Ehepartner hierauf Einfluss nehmen kann. Oft besteht auch die Gefahr, dass der überlebende Ehepartner, insbesondere, wenn er nicht berufstätig war, in finanzielle Bedrängnis gerät, wenn die Kinder bereits beim Tode des Erstversterbenden zur Erbschaft gelangen.

Dies bedeutet allerdings nicht, dass man Kinder vollständig beim Tode eines Elternteils aus dem Nachlass heraushalten kann. So besteht für die Kinder beim Tod des Erstversterbenden in jedem Fall ein Pflichtteilsanspruch, der, von den seltenen Fällen der Pflichtteilunwürdigkeit abgesehen, von dem überlebenden Ehepartner auch befriedigt werden muss. Um Kinder hier zur Zurückhaltung zu bewegen, findet sich in Testamenten und Erbverträgen häufig auch die Regelung, wonach die Kinder, die beim Tode des Erstversterbenden den Pflichtteil verlangen, auch von dem Zuletztversterbenden nur den Pflichtteil erhalten. Ist der Zuletztversterbende in der Verfügungsbefugnis frei, kann er natürlich auch selber diese Regelung nach dem Tode des Ehepartners wahrnehmen.

Eine ganz andere Fallkonstellation ist jedoch gegeben, wenn ältere Menschen, die beide über ausreichendes Vermögen verfügen, bereits aus früheren Ehen erwachsene Kinder haben und das Vermögen in den jeweiligen Familien bleiben soll. Hier wird meist von der Möglichkeit Gebrauch gemacht, das Ehegattenerbrecht zugunsten der jeweiligen Kinder vollständig auszuschließen, wobei auch die Vereinbarung eines Pflichtteilsverzichts nicht selten ist. Vorsorglich wird darauf hingewiesen, dass alle diese Vereinbarungen der notariellen Form bedürfen.

Ferner wird darauf hingewiesen, dass gemeinschaftliche Testamente mit Scheidung enden, es sei denn, dass diese nach dem Willen der Erblasser auch für den Fall der Scheidung gelten sollen. Erbverträge dagegen bleiben grundsätzlich bestehen.

2. Erbrecht bei Trennung

Trennen sich Eheleute lediglich, hat dies auf die Erbansprüche keinerlei Einfluss, es sei denn, es werden gesonderte Vereinbarungen getroffen. Ein solcher **Regelungsbedarf** ist insbesondere dann gegeben, wenn zwar die Trennung herbeigeführt wird, jedoch nicht feststeht, ob und wann eine Scheidung erfolgt. So kann es häufig sinnvoll sein, bereits bei Trennung gemeinschaftliche Testamente und Eheverträge aufzuheben beziehungsweise wechselseitig auf das gesetzliche Ehegattenerbrecht einschließlich des Pflichtteilsrechts zu verzichten.

Formulierungsbeispiel:

> Wir verzichten wechselseitig auf unser gesetzliches Ehegattenerbrecht einschließlich des Pflichtteilsrechts und nehmen diesen Verzicht wechselseitig an.

Sollten gemeinschaftliche letztwillige Verfügungen oder auch Alleintestamente mit Begünstigung des anderen Ehepartners errichtet worden sein, ist jedoch eine **andere Formulierung** erforderlich:

> Wir heben hiermit alle Verfügungen von Todes wegen auf, durch die der andere Ehegatte von Todes wegen bedacht wird, und stimmen der Aufhebung, soweit dies erforderlich ist, wechselseitig zu.

Sollte bei gemeinsamen Testamenten oder Erbverträgen ein Ehepartner zu einer einvernehmlichen Lösung nicht bereit sein, so bleibt nur die Möglichkeit, den Erbvertrag beziehungsweise das gemeinschaftliche Testament durch Widerruf aufzuheben. Auch diese Regelungen bedürfen allesamt der notariellen Beurkundung.

III. Vereinbarungen betreffend Zuwendungen während der Ehe

Unabhängig vom Güterstand kommt es unter Eheleuten zu Vermögensverschiebungen, die im Falle von Trennung und Scheidung zu erheblichen Problemen führen können. So geschieht es häufig, dass ein Ehepartner bereits Vermögen mit in die Ehe bringt, durch Schenkung oder Erbschaft Vermögen erwirbt und dieses Vermögen beispielsweise zum Erwerb einer gemeinsamen Immobilie verwendet wird.

Nicht selten sind auch die Fälle, in denen ein Ehepartner aus Angst vor dem Zugriff von Gläubigern sein Vermögen oder Teile daran unentgeltlich auf den anderen Ehepartner überträgt. Um bei einer Scheidung keine bösen Überraschungen zu erleben, sind vertragliche Vereinbarungen unumgänglich, da für den Fall des Scheiterns der Ehe nicht automatisch ein **Rückübertragungsanspruch** besteht und rein güterrechtliche Lösungen über den „Zugewinnausgleich" oft nicht zum gewünschten Ergebnis führen, weil im günstigsten Fall der zuwendende Ehepartner lediglich die Hälfte der Zuwendung zurückerhält.

IV. Ehe mit ausländischem Ehepartner

In solchen Fällen besteht ein außerordentlich hohes Informations- und Beratungsbedürfnis, da sich insbesondere der deutsche Ehepartner – aber umgekehrt natürlich auch der ausländische Ehepartner – darüber klar werden muss, welches Recht für ihre Ehe gilt. Nur wenn beide die **Rechtslage** hinsichtlich ihres jeweiligen **Heimatlandes** kennen, können sie sinnvoll entscheiden, welches Recht für ihre Ehe gelten soll. Gesetzliche Bestimmungen hierzu finden sich in den Artikeln 14 und 15 EGBGB. Danach ist der gewöhnliche Aufenthaltsort der Eheleute entscheidend für die allgemeinen Wirkungen der Ehe, also welchem Recht diese unterliegt, und je nachdem, welches Recht hinsichtlich der allgemeinen Wirkungen der Ehe anwendbar ist, ist dieses auch für die güter- und vermögensrechtlichen Beziehungen einschlägig.

In diesem Zusammenhang ist jedoch darauf hinzuweisen, dass in Fällen, in denen die Eheleute in andere Länder verziehen, beispielsweise in das Heimatland des ausländischen Ehepartners, die allgemeinen **Wirkungen** der **Ehe** sich dann nach dem Recht dieses Landes richten, während das **Güterrecht** unverändert nach dem Recht zu beurteilen ist, welches bei Eheschließung galt. In Anbetracht dieser Situation erscheint es daher sinnvoll, in notarieller Form eine Rechtswahl vorzunehmen, damit auch zu einem späteren Zeitpunkt, insbesondere im Falle der Scheidung der Ehe, klar ist, welches Recht sowohl hinsichtlich der allgemeinen Wirkungen als auch des Güterrechts gelten soll.

BEISPIEL: Die Architekturstudentin Katharina K. aus Berlin lernt bei ihrem Auslandssemester in Madrid einen jungen spanischen Kollegen kennen, dessen Vater ein großes Architektenbüro betreibt. Nach einiger

Zeit des Zusammenlebens entschließen sich Katharina und ihr Freund Pablo M., die Ehe zu schließen. Die jungen Eheleute planen, da sie inzwischen beide in dem väterlichen beziehungsweise schwiegerväterlichen Architekturbüro tätig sind, in den nächsten Jahren in Madrid zu leben. Katharina K. möchte jedoch erreichen, dass für ihre Ehe deutsches Recht gilt, da nicht auszuschließen ist, dass die Eheleute später nach Deutschland übersiedeln. Auch hat sie gehört, dass es nach spanischem Recht einen Versorgungsausgleich nicht gibt.

Treffen die Eheleute Katharina und Pablo M. keine Regelung, dürfte für ihre Ehe spanisches Recht sowohl hinsichtlich der allgemeinen Wirkungen als auch der güterrechtlichen Regelung gelten. In Form eines notariellen Vertrages besteht allerdings die Möglichkeit, dass sie für ihre Ehe die Anwendung deutschen Rechts vereinbaren.

Formulierungsbeispiel:

Die Ehefrau erklärt: Ich bin deutsche Staatsangehörige. Der Ehemann erklärt: Ich bin spanischer Staatsangehöriger.

Wir sind beide der deutschen Sprache mächtig, wovon sich der Notar durch die Unterhaltung mit dem Ehemann überzeugt hat. Wir beabsichtigen, in Madrid die Ehe zu schließen. Unseren ersten gemeinsamen Wohnsitz wollen wir in Spanien begründen. Wir sind uns darüber einig, dass für unsere Ehe hinsichtlich des Güterstandes das Recht der Bundesrepublik Deutschland gelten soll. Dies vorausgeschickt, schließen wir folgenden Ehevertrag:

§ 1

Die güterrechtlichen Wirkungen unserer Ehe sollen deutschem Recht unterliegen. Wir wollen im gesetzlichen Güterstand der Zugewinngemeinschaft nach dem Recht der Bundesrepublik Deutschland leben.

§ 2

Wir wurden von dem Notar über den Güterstand der Zugewinngemeinschaft nach deutschem Recht belehrt, insbesondere im Hinblick auf einen im Scheidungsfall durchzuführenden Zugewinnausgleich sowie für den Todesfall.

§ 3

Der Notar hat darauf hingewiesen, dass er die Frage, ob dieser Vertrag in Spanien wirksam ist, weder geprüft noch einen Auftrag zur Überprüfung erhalten hat.

Die Eheleute erklären, dass sie diese Frage in Spanien prüfen lassen werden.

Anhang

Übersicht

I. Die Situation bei Vertragsabschluss

Nach der geänderten BGH Rechtsprechung im Jahre 2004 ist von dem Grundsatz auszugehen, dass die grundsätzliche Vereinbarungsmöglichkeit der Scheidungsfolgen nicht dazu führen darf, dass der Schutzzweck der gesetzlichen Regelung beliebig unterlaufen werden kann. Eheverträge unterliegen daher nunmehr einer gerichtlichen Überprüfung. Die Notare haben daher die Eheleute umfassend über die Voraussetzungen der Abänderungsmöglichkeiten eines Ehevertrages zu informieren. In jedem Ehevertrag ist daher eine Belehrung mit aufzunehmen. Diese könnte wie folgt aussehen:

> Der Notar hat die Erschienenen auf die Rechtsprechung des Bundesverfassungsgerichts und des Bundesgerichtshofs zur Inhaltskontrolle von Eheverträgen hingewiesen, insbesondere darauf, dass sie als unwirksam angesehen werden können, wenn sich die getroffenen Vereinbarungen objektiv zu Lasten eines Sozialhilfeträgers auswirken oder wenn der Vertrag unter Ausnutzung eines erheblichen Verhandlungsungleichgewichts zwischen den Vertragsparteien zu Stande gekommen ist und zu einer einseitigen Belastung einer Vertragspartei führt.
>
> Der Notar hat ferner darauf hingewiesen, dass die Vermögenslage, die berufliche Qualifikation und berufliche Perspektive bei der Frage des Verhandlungsungleichgewichts eine Rolle spielen.
>
> Die nachstehend getroffenen Vereinbarungen unterliegen deshalb unter Umständen einer gerichtlichen Überprüfung und können durch das Gericht in ihrer Durchsetzbarkeit ganz oder teilweise eingeschränkt oder einer veränderten Lebenssituation angepasst werden.
>
> Mit Rücksicht auf das Vorstehende erklären die Erschienenen:
>
> Wir betrachten uns als gleichberechtigte Verhandlungspartner. Keiner von uns befindet sich in einer psychischen Drucksituation.
>
> Darstellung der persönlichen und beruflichen Verhältnisse der Vertragsparteien:
>
> Wir hatten beide ausreichend Zeit und Gelegenheit, uns vor der heutigen Beurkundung mit dem Inhalt des Vertrages auseinanderzusetzen. Der beurkun-

dende Notar hat uns rechtzeitig vor der Beurkundung den Vertragsentwurf zur Verfügung gestellt.

Dem Vertrag ist ein persönliches Beratungsgespräch vorausgegangen, in dessen Rahmen wir auch darauf hingewiesen wurden, dass jeder von uns die Möglichkeit hat, den Vertrag durch einen Rechtsanwalt seines Vertrauens überprüfen zu lassen.

Die nachstehenden Vereinbarungen stellen nach unserer übereinstimmenden Überzeugung eine ausgewogene und unseren persönlichen und wirtschaftlichen Verhältnissen entsprechende Regelung dar.

II. Rangstufen des Kernbereichs des Scheidungsfolgenrechtes

Bei der Überprüfung der Wirksamkeit von Eheverträgen ist die Ungleichbehandlung eines Ehepartners festzustellen. Dabei wiegt die Belastung eines Ehegatten umso schwerer, wenn in den Kernbereich des Scheidungsfolgenrechtes eingegriffen wird. Der BGH hat eine Rangordnung der unterschiedlichen Scheidungsfolgen festgelegt:

1. Rangstufe

Der Betreuungsunterhalt gem. § 1570 BGB, der Unterhalt wegen Krankheit gem. § 1572 BGB und der Unterhalt wegen Alters gem. § 1571 b BGB sowie der Versorgungsausgleich stehen an erster Stelle.

2. Rangstufe

Der Unterhalt wegen Erwerbslosigkeit gem. § 1573 BGB steht an zweiter Rangstelle.

3. Rangstufe

Der Aufstockungs- und Ausbildungsunterhalt gem. §§ 1573 Abs. 2 und 1575 BGB befinden sich auf der dritten Rangstufe.

4. Rangstufe

Der Ausschluss des Zugewinnausgleiches steht an vierter Rangstelle.

III. Ehevertrag vor Eheschließung

1. Erst-Ehe junger Leute

Verhandelt zu . . . am . . .
Vor dem unterzeichneten Notar . . . in . . . erschienen
1. . . .
2. . . .
Die Erschienenen erklärten:
Wir beabsichtigen, die Ehe zu schließen. Wir sind beide deutsche Staatsangehörige. Wir bitten um Beurkundung des nachstehenden Ehevertrages:
Auf Befragen des Notars verneinten die Erschienenen dessen Vorbefassung i.
S. d. § 3 Abs. 1 Nr. 7 BeurG.
§ 1
Modifizierte Zugewinngemeinschaft
1. Für den Fall, dass unsere Ehe anders als durch Tod beendet wird, insbesondere für den Fall der Scheidung der Ehe, schließen wir den Ausgleich des Zugewinns vollständig aus. Im Übrigen bleibt es beim gesetzlichen Güterstand
der Zugewinngemeinschaft einschließlich des Zugewinnausgleichs im Todesfall.
2. Eine Aufstellung unseres beiderseitigen Vermögens soll diesem Vertrag
nicht beigefügt werden.
§ 2
Versorgungsausgleich
Wir sind uns darüber einig, dass es bei der gesetzlichen Regelung des Versorgungsausgleichs bleiben soll.
§ 3
Wert
Den Wert unseres gemeinsamen Vermögens geben wir mit . . . € an.
§ 4
Unterhaltsverzicht
1. Für den Fall der Scheidung unserer Ehe verzichten wir wechselseitig auf
nachehelichen Unterhalt, auch für den Fall der Not, sowie auf Kranken-, Pfle-
ge- und Altersvorsorgeunterhalt und nehmen diesen Verzicht wechselseitig
an.

2. Wir wurden von dem amtierenden Notar darüber belehrt, dass jeder von uns ab Rechtskraft der Scheidung für seinen eigenen Unterhalt selbst sorgen muss.

3. Der Unterhaltsverzicht wird unter der auflösenden Bedingung vereinbart, dass gemeinsame Kinder vorhanden sind. In einem solchen Fall steht demjenigen, bei dem das Kind beziehungsweise die Kinder leben, Unterhalt nach den gesetzlichen Vorschriften zu.

§ 5

Kosten

Die Kosten dieser Urkunde tragen wir jeweils zu 1/2.

Vorstehende Verhandlung wurde den Erschienenen von dem Notar vorgelesen, von ihnen genehmigt und sodann von ihnen und dem Notar eigenhändig wie folgt unterschrieben:

2. Zweit-Ehe älterer Partner bei großem Vermögensunterschied

Verhandelt zu . . . am . . .

Vor dem unterzeichneten Notar . . . in . . . erschienen

1. . . .

2. . . .

Die Erschienenen erklärten:

Wir beabsichtigen, die Ehe zu schließen. Wir sind beide deutsche Staatsangehörige. Wir schließen folgenden

Ehevertrag

§ 1

Gütertrennung

Wir vereinbaren für unsere Ehe den Güterstand der Gütertrennung. Der amtierende Notar hat uns darauf hingewiesen, dass durch die Vereinbarung der Gütertrennung ein Ausgleich des Zugewinns bei Beendigung unserer Ehe nicht stattfindet und dass der Güterstand der Gütertrennung Einfluss auf das gesetzliche Erbrecht sowie das Pflichtteilsrecht hat. Jeder von uns ist berechtigt, auch in Zukunft ohne Zustimmung des anderen über sein Vermögen im Ganzen sowie die ihm gehörenden Gegenstände des ehelichen Haushalts frei zu verfügen. Ein Verzeichnis unseres beiderseitigen Vermögens soll diesem Vertrag nicht beigefügt werden.

§ 2

Versorgungsausgleich

Wir schließen für unsere Ehe den Versorgungsausgleich aus. Auch bei wesentlicher Änderung der Verhältnisse soll diese Vereinbarung gerichtlich nicht abänderbar sein.

Der amtierende Notar hat uns über die Bedeutung des Versorgungsausgleichs sowie über die Tragweite seines Ausschlusses belehrt, insbesondere darüber, dass der Ausschluss des Versorgungsausgleichs das Risiko des Verlusts jeglicher Alters- und Invaliditätsversorgung mit sich bringt. Wir erklärten dazu, dass wir beide über ausreichende Vorsorgeanwartschaften verfügen.

§ 3

Wert

Den Wert unseres gemeinsamen Vermögens geben wir mit . . . € an.

§ 4

Kosten

Die Kosten dieser Verhandlung tragen wir ...

Vorstehende Verhandlung wurde den Erschienenen von dem Notar vorgelesen, von ihnen genehmigt und sodann von ihnen und dem Notar eigenhändig wie folgt unterschrieben:

IV. Ehevertrag bei intakter Ehe

1. Aufhebung der Gütertrennung und Vereinbarung der modifizierten Zugewinngemeinschaft

Verhandelt zu . . . am . . .

Vor dem unterzeichneten Notar . . . in . . . erschienen

1. . . .

2. . . .

Die Erschienenen erklärten:

Wir schließen folgenden Ehevertrag:

§ 1

Vorbemerkung

Wir haben am . . . vor dem Notar . . . in . . . für unsere Ehe Gütertrennung vereinbart.

Eine Eintragung ins Güterrechtsregister ist nicht erfolgt.

§ 2

Änderung des Güterstandes

Wir heben hiermit für unsere Ehe rückwirkend den vorstehend näher bezeichneten Ehevertrag auf und vereinbaren den gesetzlichen Güterstand der Zugewinngemeinschaft. Ein Zugewinnausgleich soll allerdings **nicht** stattfinden, wenn unsere Ehe anders als durch Tod endet.

§ 3

Wert

Den Wert unseres gemeinsamen Vermögens geben wir mit . . . € an.

§ 4
Kosten
Die Kosten dieser Verhandlung tragen wir jeweils zu 1/2.
Vorstehende Verhandlung wurden den Erschienenen von dem Notar vorgelesen, von ihnen genehmigt und sodann von ihnen und dem Notar eigenhändig wie folgt unterschrieben:

2. Wechsel vom gesetzlichen Güterstand in die modifizierte Zugewinngemeinschaft

Verhandelt zu . . . am . . .
Vor dem unterzeichneten Notar . . . in . . . erschienen
1. . . .
2. . . .
Die Erschienenen erklärten:
Wir sind deutsche Staatsangehörige und haben am . . . vor dem Standesamt in . . . die Ehe geschlossen. Wir leben im gesetzlichen Güterstand der Zugewinngemeinschaft. Wir bitten um Beurkundung des nachfolgenden Ehevertrages:
§ 1
Modifizierte Zugewinngemeinschaft
1. Sollte unsere Ehe anders als durch Tod enden, schließen wir den Zugewinnausgleich vollständig aus. Im Übrigen bleibt es beim gesetzlichen Güterstand, insbesondere im Fall des Todes.
2. Auf etwaige bisher entstandene Zugewinnausgleichsansprüche verzichten wir wechselseitig und nehmen diesen Verzicht wechselseitig an.
3. Eine Liste unseres beiderseitigen Vermögens soll diesem Vertrag nicht beigefügt werden.
§ 2
Sonstiges
Eine Vereinbarung betreffend den Versorgungsausgleich beziehungsweise den Ehegattenunterhalt wollen wir nicht treffen. Insbesondere soll es bei den gesetzlichen Regelungen verbleiben.
§ 3
Wert
Den Wert unseres gemeinsamen Vermögens geben wir mit . . . € an.
§ 4
Kosten
Die Kosten dieser Verhandlung tragen wir jeweils zu 1/2.
Vorstehende Verhandlung wurden den Erschienenen von dem Notar vorgelesen, von ihnen genehmigt und sodann von ihnen und dem Notar eigenhändig wie folgt unterschrieben:

V. Trennungs- und Ehescheidungsfolgenvereinbarung

1. Verzicht auf Zugewinnausgleich, Ausschluss des Versorgungsausgleichs, Unterhaltsregelungen, Vereinbarungen zu Ehewohnung und Hausrat

Verhandelt zu . . . am . . .
Vor dem unterzeichneten Notar . . . in . . . erschienen
1. . . .
2. . . .
Die Erschienenen erklärten:
Wir haben am . . . vor dem Standesbeamten in . . . HR-Nr. . . . die Ehe geschlossen. Wir sind beide deutsche Staatsangehörige. Wir leben im gesetzlichen Güterstand der Zugewinngemeinschaft. Aus unserer Ehe sind keine Kinder hervorgegangen.
Der Ehemann erklärt: Ich bin berufstätig.
Die Ehefrau erklärt: Ich erziele in gleicher Höhe Einkünfte aus Vermietung und Verpachtung.
Beide Ehepartner erklären: Wir haben bereits ausreichende Altersversorgung.
Dies vorausgeschickt, vereinbaren wir Folgendes:
§ 1
Zugewinnausgleich
Wir stellen einvernehmlich fest, dass ein Anspruch auf Zugewinnausgleich nicht besteht. Vorsorglich verzichten wir auf etwaige Zugewinnausgleichsansprüche und nehmen diesen Verzicht wechselseitig an.
§ 2
Unterhaltsverzicht
Wir vereinbaren gegenseitig den vollständigen Verzicht auf nachehelichen Unterhalt auch für den Fall der Not und im Falle gesetzlicher Änderungen und nehmen diesen Verzicht wechselseitig an. Der amtierende Notar hat uns über die Folgen des Unterhaltsverzichts belehrt, insbesondere darüber, dass nach Scheidung der Ehe jeder von uns für seinen Unterhalt selbst verantwortlich ist.
§ 3
Ausschluss des Versorgungsausgleichs
Für den Fall der Scheidung unserer Ehe schließen wir den Versorgungsausgleich aus. Die Erschienenen wurden von dem Notar über das Wesen des Versorgungsausgleichs und über die Wirkung seines Aus

**schlusses belehrt und auf die Folgen des Ausschlusses des Versor-
gungsausgleiches für die soziale Sicherung im Scheidungsfall hingewiesen.**

§ 4
Hausrat und Ehewohnung
Der Hausrat ist geteilt. Jeder von uns erhält das zu Alleineigentum, was derzeit in seinem Besitz ist.
Die bisherige Ehewohnung wird von der Ehefrau allein bewohnt. Der Vermieter hat einer entsprechenden Änderung des Mietvertrages bereits zugestimmt.

§ 5
Werte
Den Wert unseres gemeinsamen Vermögens geben wir mit . . . € an.

§ 6
Kosten
Die Kosten dieser Verhandlung tragen wir jeweils zu 1/2.
Vorstehende Verhandlung wurden den Erschienenen von dem Notar vorgele-
sen, von ihnen genehmigt und sodann von ihnen und dem Notar eigenhän-
dig wie folgt unterschrieben:

2. Ehescheidungsfolgenvereinbarung betreffend Regelungen zur elterlichen Sorge, Kindesunterhalt, Ehegattenunterhalt

Verhandelt zu . . . am . . .
Vor dem unterzeichneten Notar . . . in . . . erschienen
1. . . .
2. . . .
Die Erschienenen erklärten:
Wir haben am . . . vor dem Standesbeamten in . . . HR-Nr. . . . die Ehe geschlossen. Wir sind beide deutsche Staatsangehörige. Wir leben im gesetzlichen Güterstand. Aus unserer Ehe sind die gemeinsamen Kinder Annalena,
geb. am . . . , und Torsten, geb. am . . . , hervorgegangen.
Dies vorausgeschickt, vereinbaren wir Folgendes:

§ 1
Elterliche Sorge
Wir sind uns darüber einig, dass wir auch nach einer Scheidung die elterliche
Sorge betreffend unsere gemeinsamen Kinder Annalena und Torsten gemein-
sam ausüben wollen. Im Rahmen des Scheidungsverfahrens sind daher Anträ-
ge zur Übertragung des elterlichen Sorge entbehrlich.
Wir sind uns darüber einig, dass die gemeinsamen Kinder ihren gewöhnlichen
Aufenthalt bei der Kindesmutter haben.

Wir sind uns darüber einig, dass das Umgangsrecht großzügig ausgeübt werden soll. Einer gesonderten Regelung bedarf es nicht.

§ 2

Kindesunterhalt

Der Ehemann verpflichtet sind, für das gemeinsame Kind Annalena, geb. am . . . , Unterhalt nach Maßgabe der Düsseldorfer Tabelle in Höhe von . . . € und für den gemeinsamen Sohn Torsten, geb. am . . . , nach Maßgabe der Düsseldorfer Tabelle in Höhe von . . . € , jeweils monatlich im Voraus zu zahlen, abzüglich jeweils hälftigem Kindergeld in Höhe von derzeitig . . . € .

Der Ehemann unterwirft sich wegen der vorstehenden Unterhaltsverpflichtungen in Höhe von . . . € monatlich der sofortigen Zwangsvollstreckung aus dieser Urkunde in sein gesamtes Vermögen. Der Notar wird ermächtigt, der Kindesmutter vollstreckbare Ausfertigung dieser Urkunde zu erteilen, ohne dass es des Nachweises der die Fälligkeit begründenden Tatsachen bedarf.

§ 3

Ehegattenunterhalt

Der Ehemann verpflichtet sind, an die Ehefrau eine monatlich im Voraus zu entrichtende Unterhaltsrente in Höhe von monatlich . . . € bis jeweils zum 3. Werktag eines jeden Monats zu zahlen. Die Höhe des Unterhalts ist fest vereinbart für die Dauer von 3 Jahren. In dieser Zeit soll eine Abänderung gemäß **§ 239 FamFG** ausgeschlossen sein. Dies gilt auch, wenn die Ehefrau eine berufliche Tätigkeit aufnimmt, bei der sie monatlich nicht mehr als 500 € durchschnittlich erzielt.

§ 4

Vollstreckungsunterwerfung

Der Ehemann unterwirft sich gegenüber der Ehefrau der sofortigen Zwangsvollstreckung aus dieser Urkunde in sein gesamtes Vermögen bezüglich eines Betrages von monatlich . . . € .

Der Notar wird ermächtigt, der Ehefrau vollstreckbare Ausfertigung dieser Urkunde zu erteilen, ohne dass es des Nachweises der Fälligkeit begründenden Tatsachen bedarf.

§ 5

Zustimmung zum Realsplitting

Die Ehefrau verpflichtet sich, für die Dauer der Unterhaltsleistung jeweils bis spätestens zum Februar eines Jahres für das Vorjahr ihre Zustimmung zum Realsplitting zu erteilen und die Anlage U zu unterzeichnen. Die dadurch entstehenden Nachteile steuerlicher sowie sonstiger Art sind vom Ehemann auszugleichen.

§ 6

Zugewinnausgleich

Zum Ausgleich des Zugewinns zahlt der Ehemann an die Ehefrau einen Betrag in Höhe von 50.000 € bis spätestens zum 15. des Monats, der auf die Rechtskraft der Scheidung folgt. Etwaige weitere Zugewinnausgleichsansprüche bestehen nicht. Vorsorglich wird auf diese wechselseitig verzichtet und dieser Verzicht wechselseitig angenommen.

§ 7
Hausrat
Die Eheleute erklärten übereinstimmend: Der Hausrat ist geteilt. Jeder ist Eigentümer der Gegenstände, die sich zurzeit in seinem Besitz befinden.

§ 8
Werte
Die Werte wurden wie folgt angegeben:
1. Elterliche Sorge: . . .
2. Kindesunterhalt: . . .
3. Ehegattenunterhalt: . . .
4. Zugewinnausgleich: . . .

§ 9
Kosten
Die Kosten dieser Verhandlung trägt der Ehemann.
Vorstehende Verhandlung wurde den Erschienenen von dem Notar vorgelesen, von ihnen genehmigt und sodann von ihnen und dem Notar eigenhändig wie folgt unterschrieben:

3. Ehescheidungsfolgenvereinbarung mit Regelungen betreffend Sorgerecht, Güterstand, Vermögensauseinandersetzung, Hausrat, Unterhalt sowie Grundstücksübertragung

Verhandelt zu . . . am . . .
Vor dem unterzeichneten Notar . . . in . . . erschienen
1. . . .
2. . . .
Die Erschienenen erklärten:
Wir haben am . . . vor dem Standesbeamten in . . . HR-Nr. . . . die Ehe geschlossen. Wir sind beide deutsche Staatsangehörige. Wir leben seit dem . . . getrennt und beabsichtigen, uns scheiden zu lassen. Ein Scheidungsverfahren ist bisher nicht anhängig. Aus unserer Ehe sind die gemeinsamen Kinder Heribert, geb. am . . . , und Anneliese, geb. am . . . , hervorgegangen. Die Kinder leben bei der Kindesmutter.
Dies vorausgeschickt, vereinbaren wir Folgendes:

Teil I
§ 1
Sorgerecht
Wir sind uns darüber einig, dass es bei der gemeinsamen Sorge betreffend unsere beiden Kinder Heribert und Anneliese verbleiben soll. Wir sind uns darüber einig, dass ein Sorgeantrag bei Gericht nicht eingereicht werden soll. Der amtierende Notar hat uns eingangs darauf hingewiesen, dass es sich bei dieser Vereinbarung lediglich um eine „Goodwill"-Erklärung handelt, die nicht rechtsverbindlich ist.
§ 2
Güterstand
Wir heben mit sofortiger Wirkung den Güterstand der Zugewinngemeinschaft auf und vereinbaren für unsere Ehe gemäß § 1414 BGB Gütertrennung. Der amtierende Notar hat uns über die Auswirkung dieser Vereinbarung informiert, insbesondere über den Wegfall der Verfügungsbeschränkung, die Änderungen des Erb- und Pflichtteilsrechts und die Auswirkungen betreffend den Zugewinnausgleich.
Wir beantragen die Eintragung ins Güterrechtsregister. Ein Antrag soll jedoch nur gestellt werden, wenn zumindest einer von uns den amtierenden Notar ersucht, diesen Antrag bei Gericht einzureichen, unbeschadet seines eigenen Antragsrechts.
§ 3
Nachehelicher Unterhalt
Der Ehemann verpflichtet sich, an die Ehefrau monatlich im Voraus einen Basisunterhalt in Höhe von 1.200 € sowie einen Vorsorgeunterhalt zur Abdeckung der Kranken- und Pflegeversicherung in Höhe von 150 € zzgl. eines Altersvorsorgeunterhalts in Höhe von 150 € zu zahlen. **Der nacheheliche Unterhalt ist auf ... Jahre befristet.** Wegen vorstehender Beträge von insgesamt 1.500 € unterwirft sich der Ehemann der sofortigen Zwangsvollstreckung aus dieser Urkunde in sein gesamtes Vermögen. Der Notar wird ermächtigt, der Ehefrau vollstreckbare Ausfertigung dieser Urkunde zu erteilen, ohne dass es des Nachweises der die Fälligkeit begründenden Tatsachen bedarf.
§ 4
Kindesunterhalt
Der Ehemann verpflichtet sich, für den gemeinsamen **Sohn** Heribert ... € und für die gemeinsame Tochter Anneliese ... € jeweils monatlich im Voraus zu Händen der Kindesmutter zu zahlen abzüglich hälftiges Kindergeld in Höhe von ... € .
Auch wegen dieses Betrages von insgesamt ... € unterwirft sich der Ehemann der sofortigen Zwangsvollstreckung aus dieser Urkunde in sein gesamtes Vermögen. Der Notar wird ermächtigt, der Kindesmutter vollstreckbare Ausfertigung dieser Urkunde zu erteilen, ohne dass es des Nachweises der die Fälligkeit begründenden Tatsachen bedarf.

Der Ermittlung der Unterhaltsbeträge liegt ein monatliches Nettoeinkommen des Ehemannes in Höhe von . . . € zugrunde. Die Ehefrau hat keine Einkünfte. Der Kindesunterhalt wurde unter Beachtung des Bedarfskontrollbetrages der Düsseldorfer Tabelle, Einkommensgruppe . . . , Altersgruppe . . . , ermittelt.

Teil II
§ 1
Im Rahmen der Vermögensauseinandersetzung und zum Ausgleich eines etwaigen erzielten Zugewinns vereinbaren die Erschienenen Folgendes:
Die Erschienenen sind zu je 1/2-Anteil Eigentümer des im Grundbuch von . . . AG . . . , Blatt . . . , verzeichneten Grundbesitzes . . .
Das Grundbuch erhält in Abteilung II keine Eintragung.
Abteilung III des Grundbuches erhält folgende Eintragung:
300.000 € Grundschuld zugunsten der Sparkasse . . . in . . . , sofort vollstreckbar gegen den jeweiligen Eigentümer gemäß § 800 ZPO, eingetragen unter Bezug auf die Bewilligung vom . . . am . . .
Der Notar hat das Grundbuch am . . . eingesehen.
§ 2
Übertragung
Die Ehefrau überträgt auf den dies annehmenden Ehemann den ihr gehörigen Miteigentumsanteil an dem vorstehend näher bezeichneten Grundbesitz mit Gebäuden und sämtlichem Zubehör.
§ 3
Belastungen
Der Ehemann übernimmt das in Abteilung III, lfd. Nr. . . . , eingetragene Grundpfandrecht. Er wird die finanzierende Bank ersuchen, die Ehefrau aus sämtlichen dem Grundpfandrecht zugrunde liegenden Darlehensverpflichtungen zu entlassen. Sollte dies nicht gelingen, verpflichtet er sich, sie im Innenverhältnis von sämtlichen Ansprüchen der dem Grundpfandrecht zugrunde liegenden Darlehensverpflichtungen freizustellen.
§ 4
Zugewinnausgleich und Vermögensauseinandersetzung
Mit der vorstehenden Regelung sind sämtliche Zugewinnausgleichsansprüche wechselseitig abgegolten.
§ 5
Gewährleistung
Gewährleistungsansprüche betreffend Größe und Beschaffenheit des Grundstücks sowie des Gebäudes bestehen nicht.
§ 6
Erschließungsbeiträge
Die Ehefrau hat sämtliche den überlassenen Miteigentumsanteil betreffenden anfallenden Anlieger- und Erschließungskosten zu tragen, soweit diese bis

heute nicht durch entsprechende Bescheide fällig gestellt sind. Der Ehemann erklärt, dass ihm von derartigen Bescheiden nichts bekannt ist.

§ 7
Auflassung
Die Eheleute sind sich darüber einig, dass das Eigentum an dem übertragenen 1/2-Anteil an dem in Teil II, § 1 näher bezeichneten Grundbesitz auf den Ehemann übergeht. Die Ehefrau bewilligt, der Ehemann beantragt die Eintragung der Auflassung in das Grundbuch.

§ 8
Hinweise
Der Notar hat die Erschienenen darauf hingewiesen,
1. dass das Eigentum nicht mit dem Abschluss dieses Vertrags, sondern erst mit der Umschreibung im Grundbuch auf den Ehemann übergeht;
2. dass der überlassene Grundbesitz für rückständige öffentliche Lasten und Abgaben, die Beteiligten als Gesamtschuldner für Notar- und Grundbuchkosten sowie etwaig anfallende Grunderwerbssteuer haften.
Die Erschienenen wurden ferner darauf hingewiesen, dass die getroffenen Vereinbarungen der notariellen Beurkundung bedürfen und abweichende, nicht beurkundete Vereinbarungen zur Nichtigkeit des gesamten Rechtsgeschäftes führen können. Die Eheleute erklären dazu, dass keine Nebenabreden bestehen.

§ 9
Vollmachten
Die Eheleute erklären: Wir beauftragen den Notar mit der Durchführung und Abwicklung dieses Vertrages. Er ist insbesondere berechtigt, uns im Grundbuchverfahren uneingeschränkt zu vertreten und sämtliche zur Abwicklung erforderlichen Unterlagen entgegenzunehmen.
Wir erteilen darüber hinaus unter Befreiung von den Beschränkungen des § 181 BGB die Notariatsfachangestellten ... und ..., dienstansässig ..., und zwar **jeweils** für sich allein, alle zur Durchführung dieses Vertrages erforderlichen oder zweckdienlichen Erklärungen abzugeben oder entgegenzunehmen. Die Bevollmächtigten sind insbesondere ermächtigt, Grundbucheintragungen zu bewilligen oder zu beantragen, Grundbuchanträge getrennt zu stellen, zurückzunehmen und zu wiederholen. Sie sind insbesondere ermächtigt, Ergänzungen und Änderungen dieses Vertrages vorzunehmen, soweit sie zur Durchführung dieses Vertrages sachdienlich sind.
Diese Vollmacht erlischt nicht mit dem Tode eines der Vollmachtgeber. Sie erlischt vielmehr mit der Durchführung dieses Vertrages. Im Übrigen kann sie nur vor dem amtierenden Notar oder seinem Vertreter im Amt ausgeübt werden.

§ 10

Auflassung

Die Eheleute sind sich darüber einig, dass das Eigentum an dem unter Teil II, § 1 näher bezeichneten Grundbesitz auf den Ehemann übergehen soll und bewilligen und beantragen, die Eigentumsänderung in das Grundbesitz einzutragen.

Der Notar wird beauftragt, die Eigentumsumschreibung zu beantragen, sobald der Umschreibung keine gesetzlichen beziehungsweise vertraglichen Hindernisse mehr im Wege stehen.

§ 11

Vormerkung

Auf die Eintragung zur Sicherung des Anspruchs des Ehemannes auf Übertragung des hälftigen Miteigentumsanteils verzichten die Beteiligten nach Belehrung.

§ 12

Salvatorische Klausel

Sollten Bestimmungen dieses Vertrages ganz oder teilweise unwirksam sein oder werden beziehungsweise Undurchführbarkeit eintreten, soll hierdurch die Gültigkeit der übrigen Vereinbarung nicht berührt werden. Anstelle der unwirksamen oder undurchführbaren Vereinbarung soll vielmehr eine Regelung gesetzt werden, die nach dem Sinn und Zweck des Vertrages vereinbart worden wäre, wenn die Unwirksamkeit oder Undurchführbarkeit bei Abschluss dieses Vertrages bekannt gewesen wäre.

Vorstehende Verhandlung wurden den Erschienenen von dem Notar vorgelesen, von ihnen genehmigt und sodann von ihnen und dem Notar eigenhändig wie folgt unterschrieben:

VI. Ehe- und Erbvertrag

Verhandelt zu . . . am . . .

Vor dem unterzeichneten Notar . . . in . . . erschienen

1. . . .

2. . . .

Die Erschienenen erklärten:

Wir sind deutsche Staatsangehörige. Wir haben am . . . vor dem Standesbeamten in . . . HR-Nr. . . . die Ehe geschlossen.

Wir haben bisher keinen Ehevertrag geschlossen, ebenso wenig sind wir durch frühere Verfügungen von Todes wegen am Abschluss eines Erbvertrages gehindert. Auf die Hinzuziehung von Zeugen verzichten wir. Die jetzt errichtete Urkunde soll durch den Notar unverschlossen in amtliche Verwahrung gegeben werden.

Der amtierende Notar überzeugte sich durch ein eingehendes Gespräch mit den Eheleuten von ihrer Geschäfts- und Testierfähigkeit.

§ 1
Güterstand
Wir wollen weiterhin im Güterstand der Zugewinngemeinschaft leben. Wir vereinbaren allerdings den Wegfall des Zugewinnausgleichs für den Fall, dass unsere Ehe anders als durch Tod beendet wird. Sollte bereits ein Zugewinn erzielt worden sein, so wird auf diesen wechselseitig verzichtet und dieser Verzicht wechselseitig angenommen.

§ 2
Nachehelicher Unterhalt
Wir verzichten wechselseitig auf nachehelichen Unterhalt für den Fall unserer Scheidung und nehmen diesen Verzicht wechselseitig an. Dieser Verzicht gilt auch für den Fall der Not, des Kranken-, Pflege- und Altersvorsorgeunterhalts. Auch insoweit wird der Verzicht wechselseitig angenommen.

§ 3
Versorgungsausgleich
Für den Fall der Scheidung unserer Ehe soll es bei der gesetzlichen Regelung bleiben.

§ 4
Erbeinsetzung
Wir setzen uns gegenseitig zu Alleinerben ein. Nach Belehrung des amtierenden Notars über das gesetzliche Pflichtteilsrecht erklären wir, dass wir keine pflichtteilsberechtigten Angehörigen haben.

§ 5
Schlussbestimmungen
Sollte eine vorstehende Vereinbarung ganz oder teilweise unwirksam sein oder werden, so sollen die übrigen Vereinbarungen davon nicht berührt werden. Die unwirksame Vereinbarung ist vielmehr durch eine solche zu ersetzen, die dem Sinn und Zweck der unwirksam gewordenen Vereinbarung am weitestgehenden entspricht.

§ 6
Werte
Den Wert des gemeinsamen Vermögens geben wir wie folgt an:
. . . € .
Der Wert des Unterhaltsverzichts wurde angegeben mit monatlich . . . € .

§ 7
Kosten
Die Kosten dieses Vertrags tragen die Erschienenen zu je 1/2.
Vorstehende Verhandlung wurden den Erschienenen von dem Notar vorgelesen, von ihnen genehmigt und sodann von ihnen und dem Notar eigenhändig wie folgt unterschrieben:

VII. Checklisten

1. Checkliste Güterrecht

Welche Unterlagen benötigt der Rechtsanwalt beziehungsweise der Notar?
1. Familienstammbuch
2. Ehevertrag, soweit vorhanden
3. Unterlagen über das vorhandene Vermögen
   a) Immobilienvermögen
      aa) Kaufverträge
      bb) Grundbuchauszüge
      cc) Darlehensverträge
   b) sonstiges Vermögen
      aa) Lebensversicherungspolicen
      bb) Wertpapierdepotunterlagen
      cc) Bausparverträge
      dd) Kontoauszüge
      ee) Sparbücher etc.

2. Checkliste Unterhaltsvereinbarung

Welche Unterlagen benötigt der Rechtsanwalt beziehungsweise Notar?
I. Bei Selbständigen:
   a) Bilanzen/Überschussrechnungen der letzten 3 Jahre
   b) Steuerbescheide der letzten 3 Jahre
   c) Nachweise der Krankenversicherungsbeiträge
   d) Nachweise der Lebensversicherungsbeiträge
   e) Nachweise der sonstigen Altersvorsorgebeiträge
   f) Nachweise über ehebedingte Schulden
II. Bei Nichtselbständigen:
   a) Die letzten 12 Gehaltsabrechnungen
   b) Den letzten aktuellen Steuerbescheid
   c) Nachweise für berufsbedingte Aufwendungen
   d) Nachweise über ehebedingte Schulden
III. Bei Einkünften aus Vermietung und Verpachtung:

131

a) Einkommenssteuererklärung
b) Letzter aktueller Steuerbescheid
IV. Bei Einkünften aus Kapitalvermögen:
a) Einkommenssteuererklärung
b) Steuerbescheid
c) Depotauszüge etc.
V. Bei Renteneinkünften:
Letzter aktueller Rentenbescheid

3. Checkliste Versorgungsausgleich

Welche Unterlagen benötigt der Rechtsanwalt beziehungsweise Notar?
1. Aktueller Rentenversicherungsverlauf, falls vorhanden
2. Versicherungsnachweise
3. Nachweise über betriebliche Altersversorgung
4. Unterlagen, betreffend Ausbildung
5. Unterlagen, betreffend Ausfallzeiten und Ersatzzeiten

4. Checkliste Grundstücksauseinandersetzung

Welche Unterlagen benötigt der Rechtsanwalt beziehungsweise Notar?
1. Vertragsunterlagen, betreffend den Erwerb der Immobilie
2. Aktuelle Grundbuchauszüge
3. Finanzierungsunterlagen
4. Gegebenenfalls Löschungsbewilligungen

5. Checkliste Hausratsverteilung

I. Welche Gegenstände besaß ich bereits vor der Eheschließung (Aussteuer, Schmuck, Möbel, Erbstücke)?

1. _____	19. _____
2. _____	20. _____
3. _____	21. _____
4. _____	22. _____
5. _____	23. _____
6. _____	24. _____
7. _____	25. _____
8. _____	26. _____
9. _____	27. _____
10. _____	28. _____
11. _____	29. _____
12. _____	30. _____
13. _____	31. _____
14. _____	32. _____
15. _____	33. _____
16. _____	34. _____
17. _____	35. _____
18. _____	36. _____

II. Welche persönlichen Gegenstände habe ich während der Ehe erhalten (zu Geburtstagen, zu Weihnachten, zum Muttertag)?

1. _____	19. _____
2. _____	20. _____
3. _____	21. _____
4. _____	22. _____
5. _____	23. _____
6. _____	24. _____
7. _____	25. _____
8. _____	26. _____
9. _____	27. _____
10. _____	28. _____
11. _____	29. _____
12. _____	30. _____
13. _____	31. _____

14. _____		32. _____		
15. _____		33. _____		
16. _____		34. _____		
17. _____		35. _____		
18. _____		36. _____		

III. Welcher gemeinsame Hausrat befindet sich in der Ehewohnung?

Raum:

	Gegenstand	Anschaffungstag	Anschaffungspreis	Zeitwert	X
1.					
2.					
3.					
4.					
5.					
6.					
7.					
8.					
9.					
10.					
11.					
12.					
13.					
14.					
15.					
16.					
17.					
18.					
19.					
20.					
21.					

22.						
23.						
24.						
25.						
26.						
27.						
28.						
29.						

VIII. Düsseldorfer Tabelle (Stand 1.1. 2011)

A. Kindesunterhalt

	Nettoeinkommen des Barunterhaltspflichtigen (Anm. 3, 4)	Altersstufen in Jahren (§ 1612a Abs. 1 BGB)				Pro-zent-satz	Bedarfs-kontroll-betrag (Anm. 6)
		0–5	6–11	12–17	ab 18		
	Alle Beträge in Euro						
1.	bis 1.500	317	364	426	488	100	770/950
2.	1.501–1.900	333	383	448	513	105	1.050
3.	1.901–2.300	349	401	469	537	110	1.150
4.	2.301–2.700	365	419	490	562	115	1.250
5.	2.701–3.100	381	437	512	586	120	1.350
6.	3.101–3.500	406	466	546	625	128	1.450
7.	3.501–3.900	432	496	580	664	136	1.550
8.	3.901–4.300	457	525	614	703	144	1.650
9.	4.301–4.700	482	554	648	742	152	1.750
10.	4.701–5.100	508	583	682	781	160	1.850
	ab 5.101 nach den Umständen des Falles						

Die neue Tabelle nebst Anmerkungen beruht auf Koordinierungsgesprächen, die unter Beteiligung aller Oberlandesgerichte und der Unterhaltskommission des Deutschen Familiengerichtstages e.V. stattgefunden haben (Stand: 1.1.2011).

Anmerkungen:

1. Die Tabelle hat keine Gesetzeskraft, sondern stellt eine Richtlinie dar. Sie weist den monatlichen Unterhaltsbedarf aus, bezogen auf zwei Unterhaltsberechtigte, ohne Rücksicht auf den Rang. Der Bedarf ist nicht identisch mit dem Zahlbetrag; dieser ergibt sich unter Berücksichtigung der nachfolgenden Anmerkungen.

   Bei einer größeren/geringeren Anzahl Unterhaltsberechtigter können **Ab- oder Zuschläge** durch Einstufung in niedrigere/höhere Gruppen angemessen sein. Anmerkung 6 ist zu beachten. Zur Deckung des notwendigen Mindestbedarfs aller Beteiligten – einschließlich des Ehegatten – ist gegebenenfalls eine Herabstufung bis in die unterste Tabellengruppe vorzunehmen. Reicht das verfügbare Einkommen auch dann nicht aus, setzt sich der Vorrang der Kinder im Sinne von Anm. 5 Abs. 1 durch. Gegebenenfalls erfolgt zwischen den erstrangigen Unterhaltsberechtigten eine Mangelberechnung nach Abschnitt C.

2. Die Richtsätze der 1. Einkommensgruppe entsprechen dem Mindestbedarf in Euro gemäß § 1612a BGB. Der Prozentsatz drückt die Steigerung des Richtsatzes der jeweiligen Einkommensgruppe gegenüber dem Mindestbedarf (= 1. Einkommensgruppe) aus. Die durch Multiplikation des gerundeten Mindestbedarfs mit dem Prozentsatz errechneten Beträge sind entsprechend § 1612a Abs. 2 S. 2 BGB aufgerundet.

3. **Berufsbedingte Aufwendungen,** die sich von den privaten Lebenshaltungskosten nach objektiven Merkmalen eindeutig abgrenzen lassen, sind vom Einkommen abzuziehen, wobei bei entsprechenden Anhaltspunkten eine Pauschale von 5 % des Nettoeinkommens – mindestens 50 EUR, bei geringfügiger Teilzeitarbeit auch weniger, und höchstens 150 EUR monatlich – geschätzt werden kann. Übersteigen die berufsbedingten Aufwendungen die Pauschale, sind sie insgesamt nachzuweisen.

4. Berücksichtigungsfähige **Schulden** sind in der Regel vom Einkommen abzuziehen.

5. Der **notwendige Eigenbedarf (Selbstbehalt)**
   - gegenüber minderjährigen unverheirateten Kindern,
   - gegenüber volljährigen unverheirateten Kindern bis zur Vollendung des 21. Lebensjahres, die im Haushalt der Eltern oder eines Elternteils leben und sich in der allgemeinen Schulausbildung befinden,

   beträgt beim nicht erwerbstätigen Unterhaltspflichtigen monatlich 770 EUR, beim erwerbstätigen Unterhaltspflichtigen monatlich 950 EUR. Hierin sind bis 360 EUR für Unterkunft einschließlich umlagefähiger Nebenkosten und Heizung (Warmmiete) enthalten. Der Selbstbehalt kann angemessen erhöht werden, wenn dieser Betrag im Einzelfall erheblich überschritten wird und dies nicht vermeidbar ist.

   Der **angemessene Eigenbedarf,** insbesondere gegenüber anderen volljährigen Kindern, beträgt in der Regel mindestens monatlich 1.150 EUR. Darin ist eine Warmmiete bis 450 EUR enthalten.

6. Der **Bedarfskontrollbetrag** des Unterhaltspflichtigen ab Gruppe 2 ist nicht identisch mit dem Eigenbedarf. Er soll eine ausgewogene Verteilung des Einkommens zwischen dem Unterhaltspflichtigen und den unterhaltsberechtigten Kindern gewährleisten. Wird er unter Berücksichtigung anderer Unterhaltspflichten unterschritten, ist der Tabellenbetrag der nächst niedrigeren Gruppe, deren Bedarfskontrollbetrag nicht unterschritten wird, anzusetzen.

7. Bei **volljährigen Kindern,** die noch im Haushalt der Eltern oder eines Elternteils wohnen, bemisst sich der Unterhalt nach der 4. Altersstufe der Tabelle.

   Der angemessene Gesamtunterhaltsbedarf eines **Studierenden,** der nicht bei seinen Eltern oder einem Elternteil wohnt, beträgt in der Regel monatlich 670 EUR. Hierin sind bis 280 EUR für Unterkunft einschließlich umlagefähiger Nebenkosten und Heizung (Warmmiete) enthalten. Dieser Bedarfssatz kann auch für ein Kind mit eigenem Haushalt angesetzt werden.

8. Die **Ausbildungsvergütung** eines in der Berufsausbildung stehenden Kindes, das im Haushalt der Eltern oder eines Elternteils wohnt, ist vor ihrer Anrechnung in der Regel um einen ausbildungsbedingten Mehrbedarf von monatlich 90 EUR zu kürzen.

9. In den Bedarfsbeträgen (Anmerkungen 1 und 7) sind **Beiträge zur Kranken- und Pflegeversicherung sowie Studiengebühren** nicht enthalten.

10. Das auf das jeweilige Kind entfallende **Kindergeld** ist nach § 1612b BGB auf den Tabellenunterhalt (Bedarf) anzurechnen.

B. Ehegattenunterhalt

I. Monatliche Unterhaltsrichtsätze des berechtigten Ehegatten ohne unterhaltsberechtigte Kinder (§§ 1361, 1569, 1578, 1581 BGB):

1. gegen einen **erwerbstätigen Unterhaltspflichtigen:**
   a) wenn der Berechtigte kein Einkommen hat: 3/7 des anrechenbaren Erwerbseinkommens zuzüglich 1/2 der anrechenbaren sonstigen Einkünfte des Pflichtigen, nach oben begrenzt durch den vollen Unterhalt, gemessen an den zu berücksichtigenden ehelichen Verhältnissen;
   b) wenn der Berechtigte ebenfalls Einkommen hat: 3/7 der Differenz zwischen den anrechenbaren Erwerbseinkommen der Ehegatten, insgesamt begrenzt durch den vollen ehelichen Bedarf; für sonstige anrechenbare Einkünfte gilt der Halbteilungsgrundsatz;
   c) wenn der Berechtigte erwerbstätig ist, obwohl ihn keine Erwerbsobliegenheit trifft: gemäß § 1577 Abs. 2 BGB;
2. gegen einen **nicht erwerbstätigen Unterhaltspflichtigen** (z. B. Rentner): wie zu 1 a, b oder c, jedoch 50 %.

II. Fortgeltung früheren Rechts:

1. Monatliche Unterhaltsrichtsätze des nach dem Ehegesetz berechtigten Ehegatten **ohne unterhaltsberechtigte Kinder:**
   a) §§ 58, 59 EheG: in der Regel wie I,
   b) § 60 EheG: in der Regel 1/2 des Unterhalts zu I,
   c) § 61 EheG: nach Billigkeit bis zu den Sätzen I.

2. Bei Ehegatten, die vor dem 03. 10. 1990 in der früheren DDR geschieden worden sind, ist das DDR-FGB in Verbindung mit dem Einigungsvertrag zu berücksichtigen (Art. 234 § 5 EGBGB).

III. Monatliche Unterhaltsrichtsätze des berechtigten Ehegatten, wenn die ehelichen Lebensverhältnisse durch Unterhaltspflichten gegenüber Kindern geprägt werden:

Wie zu I bzw. II 1, jedoch wird grundsätzlich der Kindesunterhalt (Zahlbetrag; vgl. Anm. C und Anhang) vorab vom Nettoeinkommen abgezogen.

IV. Monatlicher Eigenbedarf (Selbstbehalt) gegenüber dem getrennt lebenden und dem geschiedenen Berechtigten:

unabhängig davon, ob erwerbstätig oder nicht erwerbstätig 1.050 EUR
Hierin sind bis 400 EUR für Unterkunft einschließlich umlagefähiger Nebenkosten und Heizung (Warmmiete) enthalten.

V. Existenzminimum des unterhaltsberechtigten Ehegatten einschließlich des trennungsbedingten Mehrbedarfs in der Regel:

1. falls erwerbstätig: 950 EUR
2. falls nicht erwerbstätig: 770 EUR

VI.

1. Monatlicher notwendiger Eigenbedarf des von dem Unterhaltspflichtigen getrennt lebenden oder geschiedenen Ehegatten unabhängig davon, ob erwerbstätig oder nicht erwerbstätig:
   a) gegenüber einem nachrangigen geschiedenen Ehegatten   1.050 EUR
   b) gegenüber nicht privilegierten volljährigen Kindern   1.150 EUR
   c) gegenüber Eltern des Unterhaltspflichtigen   1.500 EUR
2. Monatlicher notwendiger Eigenbedarf des Ehegatten, der in einem gemeinsamen Haushalt mit dem Unterhaltspflichtigen lebt, unabhängig davon, ob erwerbstätig oder nicht erwerbstätig:
   a) gegenüber einem nachrangigen geschiedenen Ehegatten   840 EUR
   b) gegenüber nicht privilegierten volljährigen Kindern   920 EUR
   c) gegenüber Eltern des Unterhaltspflichtigen   vergl. Anm. D I

Anmerkung zu I–III:

Hinsichtlich **berufsbedingter Aufwendungen** und **berücksichtigungsfähiger Schulden** gelten Anmerkungen A. 3 und 4 – auch für den erwerbstätigen Unterhaltsberechtigten – entsprechend. Diejenigen berufsbedingten Aufwendungen, die sich nicht nach objektiven Merkmalen eindeutig von den privaten Lebenshaltungskosten abgrenzen lassen, sind pauschal im Erwerbstätigenbonus von 1/7 enthalten.

C. Mangelfälle

Reicht das Einkommen zur Deckung des Bedarfs des Unterhaltspflichtigen und der gleichrangigen Unterhaltsberechtigten nicht aus (sog. Mangelfälle), ist die nach Abzug des notwendigen Eigenbedarfs (Selbstbehalts) des Unterhaltspflichtigen verbleibende Verteilungsmasse auf die Unterhaltsberechtigten im Verhältnis ihrer jeweiligen Einsatzbeträge gleichmäßig zu verteilen.

Der Einsatzbetrag für den **Kindesunterhalt** entspricht dem Zahlbetrag des Unterhaltspflichtigen. Dies ist der nach Anrechnung des Kindergeldes oder von Einkünften auf den Unterhaltsbedarf verbleibende Restbedarf.

Beispiel: Bereinigtes Nettoeinkommen des Unterhaltspflichtigen (M): 1.350 EUR. Unterhalt für drei unterhaltsberechtigte Kinder im Alter von 18 Jahren (K 1), 7 Jahren (K 2), und 5 Jahren (K 3), Schüler die bei der nicht unterhaltsberechtigten, den Kindern nicht barunterhaltspflichtigen Ehefrau und Mutter (F) leben. F bezieht das Kindergeld.

Notwendiger Eigenbedarf des M: 950 EUR

Verteilungsmasse: 1.350 EUR – 950 EUR = 400 EUR

Summe der Einsatzbeträge der Unterhaltsberechtigten:

304 EUR (488 – 184) (K 1) + 272 EUR (364 – 92) (K 2) + 222 EUR (317 – 95) (K 3) = 798 EUR

Unterhalt:

K 1: 304 400: 798 = 152,28 EUR

K 2: 272 400: 798 = 136,34 EUR

K 3: 222 400: 798 = 111,28 EUR

D. Verwandtenunterhalt und Unterhalt nach § 1615 l BGB

I. Angemessener Selbstbehalt gegenüber den Eltern: indestens monatlich 1.500 EUR (einschließlich 450 EUR Warmmiete) zuzüglich der Hälfte des darüber hinausgehenden Einkommens. Der angemessene Unterhalt des mit dem Unterhaltspflichtigen zusammenlebenden Ehegatten bemisst sich nach den ehelichen Lebensverhältnissen (Halbteilungsgrundsatz), beträgt jedoch mindestens 1.200 EUR (einschließlich 350 EUR Warmmiete).

II. Bedarf der Mutter und des Vaters eines nichtehelichen Kindes (§ 1615 l BGB): nach der Lebensstellung des betreuenden Elternteils, in der Regel mindestens 770 EUR.

Angemessener Selbstbehalt gegenüber der Mutter und dem Vater eines nichtehelichen Kindes (§§ 1615 l, 1603 Abs. 1 BGB): unabhängig davon, ob erwerbstätig oder nicht erwerbstätig: 1.050 EUR. Hierin sind bis 400 EUR für Unterkunft einschließlich umlagefähiger Nebenkosten und Heizung (Warmmiete) enthalten.

E. Übergangsregelung

Umrechnung dynamischer Titel über Kindesunterhalt nach § 36 Nr. 3 EGZPO: Ist Kindesunterhalt als Prozentsatz des jeweiligen Regelbetrages zu leisten, bleibt der Titel bestehen. **Eine Abänderung ist nicht erforderlich.** An die Stelle des bisherigen Prozentsatzes vom Regelbetrag tritt ein neuer Prozentsatz vom Mindestunterhalt (Stand: 01. 01. 2008). Dieser ist für die jeweils maßgebliche Altersstufe gesondert zu bestimmen und auf eine Stelle nach dem Komma zu begrenzen (§ 36 Nr. 3 EGZPO). Der Bedarf ergibt sich aus der Multiplikation des neuen Prozentsatzes mit dem Mindestunterhalt der jeweiligen Altersstufe und ist auf volle Euro aufzurunden (§ 1612a Abs. 2 S. 2 BGB). Der Zahlbetrag ergibt sich aus dem um das jeweils anteilige Kindergeld verminderten bzw. erhöhten Bedarf.

Es sind **vier Fallgestaltungen** zu unterscheiden:

1. Der Titel sieht die Anrechnung des hälftigen Kindergeldes (für das 1. bis 3. Kind 77 EUR, ab dem 4. Kind 89,50 EUR) oder eine teilweise Anrechnung des Kindergeldes vor (§ 36 Nr. 3a EGZPO).
   (Bisheriger Zahlbetrag + 1/2 Kindergeld) · 100 : Mindestunterhalt der jeweiligen Altersstufe = Prozentsatz neu
   Beispiel für 1. Altersstufe: (196 EUR + 77 EUR) · 100 : 279 EUR = 97,8 %
   279 EUR · 97,8 % = 272,86 EUR, aufgerundet 273 EUR
   Zahlbetrag: 273 EUR ./. 77 EUR = 196 EUR
2. Der Titel sieht die Hinzurechnung des hälftigen Kindergeldes vor (§ 36 Nr. 3b EGZPO).
   (Bisheriger Zahlbetrag − 1/2 Kindergeld) · 100 : Mindestunterhalt der jeweiligen Altersstufe = Prozentsatz neu
   Beispiel für 1. Altersstufe: (273 EUR − 77 EUR) · 100 : 279 EUR = 70,2 %
   279 EUR · 70,2 % = 195,85 EUR, aufgerundet 196 EUR
   Zahlbetrag: 196 EUR + 77 EUR = 273 EUR
3. Der Titel sieht die Anrechnung des vollen Kindergeldes vor (§ 36 Nr. 3c EGZPO).
   (Zahlbetrag + 1/1 Kindergeld) · 100 : Mindestunterhalt der jeweiligen Altersstufe = Prozentsatz neu
   Beispiel für 2. Altersstufe: (177 EUR + 154 EUR) · 100 : 322 EUR = 102,7 %
   322 EUR · 102,7 % = 330,69 EUR, aufgerundet 331 EUR
   Zahlbetrag: 331 EUR ./. 154 EUR = 177 EUR
4. Der Titel sieht weder eine Anrechnung noch eine Hinzurechnung des Kindergeldes vor (§ 36 Nr. 3d EGZPO).
   (Zahlbetrag + 1/2 Kindergeld) · 100 : Mindestunterhalt der jeweiligen Altersstufe = Prozentsatz neu
   Beispiel für 3. Altersstufe: (329 EUR + 77 EUR) · 100 : 365 EUR = 111,2 %
   365 EUR · 111,2 % = 405,88 EUR, aufgerundet 406 EUR
   Zahlbetrag: 406 EUR ./. 77 EUR = 329 EUR

Anhang: Tabelle Zahlbeträge

Die folgenden Tabellen enthalten die sich nach Abzug des jeweiligen Kindergeldanteils (hälftiges Kindergeld bei Minderjährigen, volles Kindergeld bei Volljährigen) ergebenden Zahlbeträge. Für das 1. und 2. Kind beträgt das Kindergeld derzeit 184 EUR, für das 3. Kind 190 EUR, ab dem 4. Kind 215 EUR.

1. und 2. Kind		0–5	6–11	12–17	ab 18	%
1.	bis 1.500	225	272	334	304	100
2.	1.501–1.900	241	291	356	329	105
3.	1.901–2.300	257	309	377	353	110
4.	2.301–2.700	273	327	398	378	115
5.	2.701–3.100	289	345	420	402	120
6.	3.101–3.500	314	374	454	441	128
7.	3.501–3.900	340	404	488	480	136
8.	3.901–4.300	365	433	522	519	144
9.	4.301–4.700	390	462	556	558	152
10.	4.701–5.100	416	491	590	597	160

3. Kind		0–5	6–11	12–17	ab 18	%
1.	bis 1.500	222	269	331	298	100
2.	1.501–1.900	238	288	353	323	105
3.	1.901–2.300	254	306	374	347	110
4.	2.301–2.700	270	324	395	372	115
5.	2.701–3.100	286	342	417	396	120
6.	3.101–3.500	311	371	451	435	128
7.	3.501–3.900	337	401	485	474	136
8.	3.901–4.300	362	430	519	513	144
9.	4.301–4.700	387	459	553	552	152
10.	4.701–5.100	413	488	587	591	160

ab dem 4. Kind		0–5	6–11	12–17	ab 18	%
1.	bis 1.500	209,50	256,50	318,50	273	100
2.	1.501–1.900	225,50	275,50	340,50	298	105
3.	1.901–2.300	241,50	293,50	361,50	322	110
4.	2.301–2.700	257,50	311,50	382,50	347	115
5.	2.701–3.100	273,50	329,50	404,50	371	120
6.	3.101–3.500	298,50	358,50	438,50	410	128
7.	3.501–3.900	324,50	388,50	472,50	449	136
8.	3.901–4.300	349,50	417,50	506,50	488	144
9.	4.301–4.700	374,50	446,50	540,50	527	152
10.	4.701–5.100	400,50	475,50	574,50	566	160

Sachverzeichnis